USO
de la gramática española

avanzado

edelsa

GRUPO DIDASCALIA, S.A.
Plaza Ciudad de Salta, 3 - 28043 MADRID - (ESPAÑA)
TEL.: (34) 914.165.511 - (34) 915.106.710
FAX: (34) 914.165.411
e-mail: edelsa@edelsa.es - www.edelsa.es

Francisca Castro

Primera edición: 2011
Primera reimpresión: 2011
Segunda reimpresión: 2012
Tercera reimpresión 2014
Cuarta reimpresión 2014
Quinta reimpresión 2015
Sexta reimpresión 2016

Diseño interiores y cubierta: Rafael García-Gil.
Ilustraciones: Grafitti.
Impresión: Gómez Aparicio Grupo Gráfico
Encuadernación: Gómez Aparicio.

ISBN: 978-84-7711-714-8
Depósito legal: M-28691-2011
Impreso en España.

La organización general de *Uso de la gramática española* es la del *syllabus* gramatical con el que los manuales de ELE suelen articular la progresión del aprendizaje en sus diferentes niveles.

Su objetivo es dar a la gramática la importancia que tiene como medio para obtener competencia lingüística y, al tiempo, mayor confianza a la hora de comunicar.

Los 22 temas de *Uso de la gramática española* -nivel avanzado- presentan toda la gramática necesaria para un tercer año de español y la trabajan en una serie de ejercicios sistemáticos y graduados.

Cada tema tiene las siguientes partes:

Observe, que presenta los puntos gramaticales con ilustraciones.

Forma, que presenta los cuadros de los modelos.

De este modo, fundamentalmente visual, se recibe una información global, clara y esquemática que servirá como elemento de consulta rápida en cualquier momento del aprendizaje.

Uso, que explica las reglas esenciales de funcionamiento de los puntos gramaticales en situación de comunicación cotidiana, con el apoyo de numerosos ejemplos.

Se ha procurado que el lenguaje esté al alcance de todos los posibles usuarios. Por tanto, se ha utilizado solo la terminología lingüística imprescindible y las explicaciones son muy sencillas en el léxico y en la estructura.

Ejercicios, que reúnen las siguientes características:
- diseño que permite trabajar primero la forma y a continuación su uso en el contexto de la frase,
- gradación que va desde las actividades controladas hasta las de producción libre y semilibre en el interior de los temas,
- selección de vocabulario en función de la rentabilidad, la adecuación al nivel y el incremento gradual para su asimilación fácil y completa.

Uso de la gramática española se concibe como un material de trabajo activo, en el aula o en autoaprendizaje.

Como elementos que posibilitan la autonomía del aprendizaje, las páginas de ejercicios tienen espacios asignados para la autoevaluación: al final de cada ejercicio y al final de cada tema para el balance de aciertos.

También hay ejercicios de práctica libre y semilibre respectivamente. Estos ejercicios no se incluyen en el número de aciertos porque no tienen una solución fija.

Al final de la obra hay una serie de **Ejercicios complementarios sobre textos narrativos** cuyo objetivo es que el aprendiz practique de forma contextualizada los tiempos y modos de la narración.

La autora

ÍNDICE

Observe

Forma

Voz pasiva

Verbo *ser* + participio + (*por* + sustantivo)

(yo)	soy / he sido / fui	
(tú)	eres / has sido / fuiste	
(él/ella/usted)	es / ha sido / fue	premiado/-a
(nosotros/-as)	somos / hemos sido / fuimos	premiados/-as
(vosotros/-as)	sois / habéis sido / fuisteis	
(ellos/-as/ustedes)	son / han sido / fueron	

Impersonalidad

a) *Se* + verbo en voz activa

b) Verbo en 3.ª persona del plural

Uso

1 — La forma pasiva se emplea principalmente en el lenguaje periodístico y en narraciones históricas:
- ✓ *Ayer **fueron clausuradas** las III Jornadas de Gastronomía Castellano-Manchega.*
- ✓ *Este monasterio **fue construido** en el siglo XIV **por un rey cristiano**.*

2 — Para expresar que no interesa quién es el sujeto de la acción, tenemos en español otras formas:

a. **Se + verbo en voz activa.** Queremos expresar una generalización que incluye a todo el mundo, también al hablante:
- ✓ *En España **se cena** muy tarde, a partir de las 10.*
- ✓ *Lo siento, señora, aquí **no se puede fumar**.*

Estas construcciones pueden llevar un sujeto gramatical (en el mismo número que el verbo):
- ✓ *Este año **se han vendido más naranjas** que nunca.*

O ser completamente impersonales:
- ✓ *Por este camino **se llega** al mar.*

b. **Verbo en 3.ª persona del plural.** Queremos expresar que existe un sujeto activo, pero no nos interesa especificar (o no podemos) cuál es:
- ✓ ***Han llamado** de la tienda y **han dicho** que **vendrán** hoy a arreglar el vídeo.*
- ✓ *¿Te has enterado de que nos **van a subir** el sueldo?*
- ✓ *Buenos días, ¿**encuadernan** libros antiguos?*

En algunos casos es posible usar las dos formas:
- ✓ ***Se dice** que **va a subir** el precio de la gasolina otra vez.*
- ✓ ***Dicen** que **va a subir** el precio de la gasolina otra vez.*

Ejercicios

1 Completa estas noticias con el verbo *ser* + el participio de uno de estos verbos.

detener	condenar	asaltar	hallar	premiar
aplazar	traducir	llevar	trasladar	clausurar

Ej.: *1. Hoy <u>ha sido clausurada</u> en Sevilla la quinta edición de la Feria de Arte Antiguo.*

2. El culpable .... a veinte años de prisión.
3. El convoy que llevaba ayuda humanitaria .... ayer por los rebeldes.
4. .... tres presuntos terroristas por los sucesos del día 7.
5. La sede del Banco Español .... a otra ciudad.
6. Los detenidos .... a presencia del juez a las diez de la mañana de ayer.
7. Todos sus libros .... a varios idiomas.
8. .... el botín del robo perpetrado en el Museo de Ciencia-Ficción.
9. Esa película .... en el Festival de Valladolid de este año.
10. La reunión .... a causa del mal tiempo.

Aciertos: .... de 9

2 Siga el ejemplo.

Ej.: *1. La Maja desnuda / pintar / Goya*
La Maja desnuda <u>fue pintada</u> por Goya.

2. América / descubrir / Colón
   ....
3. Acueducto de Segovia / construir / romanos
   ....
4. *Romeo y Julieta* / escribir / Shakespeare
   ....
5. Penicilina / descubrir / Fleming
   ....
6. *Novena Sinfonía* / componer / Beethoven
   ....
7. E.T. / dirigir / Steven Spielberg
   ....

Aciertos: .... de 6

3 Las frases que siguen, aunque son correctas, no son habituales en español. Reescríbalas en la forma activa, con el verbo en la 3.ª persona del plural.

Ej.: *1. El culpable del robo ya ha sido encontrado.* → <u>*Ya han encontrado al culpable del robo*</u>

2. El ascensor ha sido arreglado hoy.
   ....
3. En este bar son preparados diariamente mil bocadillos de jamón.
   ....

4. Un nuevo centro comercial va a ser construido ahí.

....

5. El día y la hora del estreno han sido cambiados.

....

6. El mes pasado el precio de la gasolina fue subido dos veces.

....

Aciertos: .... de 5

4 Complete las frases siguientes con la forma *se* + verbo en 3.ª persona sing. /plural.

Ej.: *1. El día 15 de abril se celebra el Día de la Independencia. (celebrar)*
2. Se arreglan bicicletas. (arreglar)

3. El aceite español .... a todo el mundo. *(exportar)*
4. .... clases de piano. *(Dar)*
5. ¿Es aquí donde .... un piso? *(alquilar)*
6. Cada día .... más coches extranjeros en la calle. *(ver)*
7. Ahí .... especialmente juguetes y muebles. *(fabricar)*
8. .... más gente para ese trabajo. *(Necesitar)*

Aciertos: .... de 6

5 En las frases que siguen, escoja la forma que crea más adecuada:
a. Verbo en 3.ª persona del plural.
b. *Se* + verbo en 3.ª persona singular / plural.

Ej.: *1. Perdone, señor, pero aquí no se permite entrar a los perros. (permitir)*

2. Buenos días, ¿aquí .... guitarras? *(arreglar)*
3. A veces, en un país extranjero es difícil saber qué .... hacer y qué no .... hacer. *(poder, poder)*
4. En español no .... «Lo siento» cuando alguien te dice que está enfermo. *(decir)*
5. ¿Puede hablar más alto?, aquí no .... nada. *(oír)*
6. A Juan lo .... en el trabajo. *(ascender)*
7. Este palacio lo .... el siglo pasado. *(restaurar)*
8. Lo siento, pero en las rebajas no .... cambios. *(admitir)*
9. He preguntado en la Secretaría y me .... que el próximo lunes no habrá clase. *(decir)*
10. No .... qué va a pasar en las próximas elecciones. *(saber)*
11. A veces .... cosas que no son convenientes. *(decir)*
12. ¿Tú crees que la televisión es la causante de que .... menos libros? *(leer)*
13. Buenas tardes, ¿................... pantalones negros de cuero? *(tener)*
14. No, todavía no .... el informe que presenté la semana pasada. *(evaluar)*
15. Lo .... cuando salía del banco con el dinero. *(detener)*
16. Este tipo de calzado ya no .... mucho. *(fabricar)*
17. ¿Todavía no .... a arreglar el fax? *(venir)*
18. El mes pasado a mí me .... menos en la nómina. *(pagar)*

Aciertos: .... de 18

Ejercicios

6 Complete la siguiente receta de un postre español con los verbos del recuadro en forma impersonal con *se*.

poner	dejar (2)	colocar (3)	rebozar	cortar
poder	verter	sacar	batir	dar	coger

TORRIJAS

Ingredientes:
- 1 pan de torrijas (mejor comprado la víspera)
- 3/4 de litro de leche hirviendo
- 3 cucharadas soperas de azúcar
- 2 o 3 huevos
- 1 litro de aceite
- azúcar molida para espolvorear

Se _corta_ la barra de pan en rodajas de un dedo de gruesas (2 cm) y .... en una fuente un poco honda. .... la leche a calentar con las 3 cucharadas de azúcar y cuando está a punto de cocer .... sobre el pan. .... como una hora para que se empapen.

En un plato sopero .... 2 huevos como para una tortilla. En el momento de freír las torrijas, ... de una en una con una espumadera, ... en el huevo y .... en el aceite caliente. Cuando están doradas por un lado, ... les .... la vuelta con cuidado para que no se rompan. .... de la sartén y .... escurrir un poco.

.... en la fuente donde se vayan a servir, espolvoreándolas con azúcar. .... servir templadas o frías.

Observe

Buenos días, ¿es aquí donde se alquila un piso?

Pero, abuelo, este jersey me está muy grande.

F

Forma

Ser
obligatorio, -a, -os, -as	(in)justo, -a, -os, -as
aficionado, -a, -os, -as	(in)conveniente, -es
socialista, -as	(im)probable, -es
indiferente, -es	(in)necesario, -a, -os, -as
famoso, -a, -os, -as	(in)voluntario, -a, -os, -as
tímido, -a, -os, -as	(in)útil, -es
similar, -es	

Estar
aparcado, -a, -os, -as
acostumbrado, -a, -os, -as
prohibido, -a, -os, -as
quieto, -a, -os, -as
muerto, -a, -os, -as
dormido, -a, -os, -as
convencido, -a, -os, -as
satisfecho, -a, -os, -as

Ser / Estar
claro, -a, -os, -as	oscuro, -a, -os, -as	limpio, -a, -os, -as
tranquilo, -a, -os, -as	fuerte, -es	sucio, -a, -os, -as
verde, -es	aburrido, -a, -os, -as	grande, -es
despierto, -a, -os, -as	listo, -a, -os, -as	frío, -a, -os, -as
delicado, -a, -os, -as	vago, -a, -os, -as	parado, -a, -os, -as
ancho, -a, -os, -as	ansioso, -a, -os, -as	peor, -es

Uso

SER

1 — El verbo **ser** nos sirve para definir e identificar cosas y personas:
> ✓ *Lo que le han hecho a Ernesto **no es justo**.*
> ✓ *Sus abuelos **son católicos y socialistas**.*
> ✓ *Aquella **es la protagonista** de la película.*

2 — Para informar del lugar y la fecha de una celebración:
> • *¿Sabes **dónde es** la conferencia del Dr. Cariñena?*
> • *Creo que **es en el Aula 6.6**.*

3 — Por su valor descriptivo, se usa en múltiples expresiones valorativas:
> ✓ ***Ser** (alguien) un caradura, un buen partido, un hueso, un fresco, un desastre, un encanto, un plomo.*

ESTAR

1 — Con el verbo **estar** podemos hablar del estado de ánimo de las personas o del estado de las cosas:
> • *¿Tú sabes qué le pasa a Elena?*
> • *Sí, **está preocupada** por las noticias de las inundaciones en Levante.*
> ✓ *Agustín, tienes que ordenar el sótano, **está muy desordenado**.*

2 — Acompaña al **gerundio** para formar una perífrasis que expresa la acción en su desarrollo:
> ✓ ***Estábamos saliendo** de casa cuando nos llamaron del hospital.*

3 — Con nombres de profesiones, indica que se desarrolla esa actividad con carácter más o menos temporal:
> ✓ *Su novio es profesor, pero ahora **está de jardinero**.*

4 — Se usa en expresiones de carácter modal:
> ✓ ***Estar de guardia, por las nubes, de moda, de suerte, de broma, que trina.***

SER / ESTAR

1 — En general, podemos decir que, con el mismo adjetivo, usamos **estar** para hablar de algo temporal y **ser** para hablar de una cualidad inherente:
> ✓ *Mi tío ya **no es joven**, pero **está muy joven**.*

2 — Sin embargo, se pueden observar cambios en el significado de los adjetivos, según se utilicen con un verbo u otro. Observe los ejemplos:
> ✓ *El aceite de oliva **es muy bueno** para la prevención de las cardiopatías.*
> ✓ *Este aceite de oliva **está muy bueno**, ¿dónde lo has comprado?*
> ✓ *No me gusta nada esta película, **es muy aburrida**.*
> ✓ *Como **estábamos aburridos**, nos fuimos a dar una vuelta.*
> ✓ *Esta blusa me gusta, **es ancha**.*
> ✓ *Esta blusa no me gusta, **me está ancha**.*

Ejercicios

1 Complete las frases siguientes con una forma del verbo *ser* o *estar*, según corresponda.

Ej.: *1. • ¿Y tu madre?*
• Parece que está mejor desde que la vio el médico.

2. Mi mejor compañía .... la soledad.
3. La reunión .... en el aula 8, el lunes próximo.
4. ¿Qué .... pasando aquí?
5. ¿Dónde .... el accidente?
6. Desde que tú .... conmigo, mi vida .... distinta.
7. Esta niña .... un diablo.
8. ¿Qué .... de aquel novio que tuviste hace años?
9. • ¿Qué hace Estrella?
   • .... de directora de una sucursal del Banco Español.
10. Dijo que no .... dispuesta a seguir aguantando tonterías.
11. David Sanz .... el mejor lanzador de jabalina del mundo.
12. Yo creo que tú .... mejor con el pelo corto.
13. No lo esperes, porque no .... seguro que venga.
14. ¿Ustedes .... de la empresa de mi mujer?
15. Estos bolígrafos no .... de la misma calidad que los otros.
16. No te preocupes por el coche, ... asegurado.
17. ¿Tú crees que este sistema de encendido del gas .... bastante seguro?
18. Cállate, ... mejor que no digas nada.
19. Vengan rápido, por favor, ... un asunto de vida o muerte.
20. No te tomes ese café, ... frío.
21. No .... loco, hace mucho frío para bañarse en la piscina.
22. Jimena .... muy grave, pero espero que se recupere.
23. Doctor, ¿usted cree que lo de mi hermano .... grave?
24. Por favor, no hagas eso, ... una locura.
25. Si no .... satisfecho con su compra, le devolvemos su dinero.
26. Pepe .... bastante maniático, nada le parece bien.
27. La mayoría de la gente .... concentrada en la plaza del pueblo.
28. ¿............... seguros de que ella vive aquí?
29. María hoy .... más trabajadora que de costumbre.
30. Juan .... ansioso por saber si aprobará o no.

Aciertos: .... de 30

2 En las frases siguientes, hay seis incorrectas. Señálelas y corríjalas.

Ej.: *1. Mamá, la sopa es fría. Incorrecta.*
Mamá, la sopa está fría.

2. Este jersey no me queda bien, me está estrecho.
   ....
3. La boda de mi hermano está el domingo próximo en el restaurante Miramar.
   ....

Ejercicios

4. El mar estaba a pocos kilómetros de allí.

   ....

5. Esta película está muy buena.

   ....

6. Su cumpleaños está en diciembre.

   ....

7. Allí es donde vive Jacinto.

   ....

8. ¿De cuándo es ese periódico?

   ....

9. Las lentejas están muy sosas, ¿no les has echado sal?

   ....

10. Hoy hace calor, somos a 35° a la sombra.

    ....

11. ¿Está lista la cena?

    ....

12. No pensaba que esta película estuviera tan larga.

    ....

13. Lucía es de camarera en un bar de la costa.

    ....

14. La escalera de mi casa era de piedra blanca.

    ....

15. Esos están contra la huelga.

    ....

Aciertos: .... **de 14**

---

3 Complete las frases con una de las expresiones del recuadro.

no estar para nadie	estar al corriente	estar de suerte
estar de guardia	estar de moda	estarle (a alguien) bien empleado
estar por las nubes	estar que trina	

Ej.: *1. Por favor, ¿puede decirme qué farmacia está de guardia esta noche?*

2. La Sra. ministra no puede atenderles hoy, tiene demasiado trabajo y dice que ....

   ....

3. La vida está cada día más cara, los precios ....

4. Pues sí, este año ...., me han ofrecido varios papeles para
   trabajar en la televisión y en el cine.

5. • ¿Qué le pasa a tu marido?

   • No lo sé, pero está enfadadísimo, ...

6. Esa gente es muy chismosa, ... de la vida de todo el vecindario

7. • ¿Sabes que a Ernesto le ha puesto otra multa Hacienda?

   • ...., por no hacer las declaraciones como es debido.

8. Este año .... los pantalones estrechos, y el año pasado, en cambio
   se llevaban anchos.

Aciertos: .... **de 7**

4 Teniendo en cuenta que algunos adjetivos cambian bastante su significado según se usen con *ser* o *estar*, complete las frases con uno de los dos verbos.

Ej.: *1. Este flan natural está riquísimo.*

2. .... claro que este año no vamos a poder ir de vacaciones.
3. Yo no creo que .... malo que los jóvenes salgan de noche.
4. Miguel .... todavía un poco verde para el examen de conducir.
5. La novia de Julio .... atenta y educada, pero .... parada, no tiene trabajo.
6. ¿No crees que este color .... demasiado claro para el fondo?
7. Dice el refrán que «todo lo barato .... caro».
8. Cuando fui a su habitación, aún .... despierta.
9. Lo siento, no vi nada porque todo .... muy oscuro.
10. La noche del crimen .... oscura, como boca de lobo.
11. Ten cuidado con las copas, ... muy delicadas.
12. Para ese trabajo hace falta alguien que .... más despierto que tu primo.
13. Me parece que Felipe .... demasiado vivo.
14. No me gusta el tono de esa tela para el sofá, ... muy sucio, se va a manchar enseguida.
15. Sí, mi tía siempre .... delicada de salud.
16. El vendedor de la esquina .... ciego de nacimiento.
17. La madre de Puri .... riquísima.
18. Aunque el agua parece clara, ... sucia.
19. ¿.................. claro lo que he explicado hasta ahora?
20. .... listo si te crees que te voy a dar la mitad de las ganancias.
21. El enfermo ya .... muy débil, no come nada.
22. Tienes que .... fuerte para el partido de mañana.
23. Yo creo que los espárragos no .... bien conservados en esta lata.

Aciertos: .... de 23

5 Relacione las expresiones con su significado.

Ej.: *1. Ser un caradura.*   a. *Una persona que se aprovecha de las demás.*

2. Ser todo oídos.   b. Tacaño.
3. Ser un plomo.   c. Una persona cuya opinión no cuenta para nada.
4. Ser agarrado.   d. Una persona muy dura, exigente.
5. Ser un hueso.   e. Una persona que aburre a las demás.
6. Ser un buen partido.   f. Muy fácil.
7. Ser un cero a la izquierda.   g. Una persona que escucha atentamente.
8. Ser pan comido.   h. Una persona muy buena para casarse con ella.

Aciertos: .... de 7

TEMA 2   TOTAL aciertos: .... de 81

Observe

Forma

F

Como, porque, puesto que, que, ya que + indicativo

Por + infinitivo / nombre

A causa de + nombre

Uso

Las oraciones que expresan causa pueden ir introducidas por las conjunciones **porque, como, que, ya que, puesto que** y llevan el verbo en indicativo, generalmente:

> ✓ *Ayer no vine a clase **porque tenía** que hacer un recado.*

PORQUE, QUE

1 Las causales introducidas por **porque** van siempre en segundo lugar, detrás de la oración principal:

> ✓ *Está muy contenta **porque ha encontrado** un buen trabajo.*

2 Las frases introducidas por **que** son coloquiales y en la oración principal suele haber un imperativo:

> ✓ *Niño, **ven** aquí, **que** te **voy** a dar la merienda.*

COMO

Las causales introducidas por **como** van antes de la oración principal:

> ✓ ***Como no venías**, me puse a comer yo sola.*

YA QUE, PUESTO QUE

1 Las causales introducidas por **ya que** y **puesto que** pueden ir antes o después de la principal:

> ✓ *Juan, **ya que estás** en la cocina, tráeme agua.*

2 Usamos estos nexos generalmente cuando la razón es obvia, conocida por todos. **Puesto que** se utiliza en contextos formales:

> ✓ ***Puesto que no hay acuerdos**, no podemos firmar el contrato.*

OTRAS FORMAS DE EXPRESAR CAUSA

1 *Por + infinitivo / nombre:*

> ✓ *Han despedido a un jugador **por insultar** al árbitro.*
> ✓ *Lo he comprado **por el estilo** que tiene.*

2 *A causa de + nombre:*

> ✓ *Tuvieron que cerrar las carreteras al tráfico **a causa de la nieve**.*

¿POR QUÉ...?, ¿CÓMO...?

Se utilizan para preguntar por la causa:

> ✓ *¿**Por qué no vienes** esta tarde?*
> ✓ *¿**Cómo** (es que) **no viniste** a la inauguración de la Feria?*

Ejercicios

1 Relacione.

Ej.: *1. Como eran tan baratos,*   a. porque tiene miedo de caerse.
   2. No le gusta esquiar,   b. compraremos otra.
   3. Nos hemos subido aquí,   c. Valeria tiene que residir en el hospital.
   4. Corre,   d. por mirar hacia atrás.
   5. Ya que estás aquí,   e. que voy a meter la tarta.
   6. Te has caído,   f. arréglame la tele.
   7. Prepara el horno,   g. que se va el autobús.
   8. Puesto que la bicicleta ya no sirve,   h. porque abajo hacía mucho calor.
   9. A causa de su trabajo,   i. *me compré tres*.

Aciertos: .... de 8

2 Escriba el verbo que va entre paréntesis en la forma más adecuada.

Ej.: *1. Yo creo que David no sale con nosotros porque le caemos mal. (caer)*

   2. Como .... mucho, no pudimos salir del refugio. *(llover)*
   3. Le tomaban el pelo porque .... conmigo. *(salir)*
   4. El otro día, como no .... dónde vivía Jesús .... a ver a Trini. *(saber, ir, yo)*
   5. Puesto que tú .... la jefa, tú mandas. *(ser)*
   6. Hay que tener cuidado cuando pasa un camión, ya que .... una gran masa de aire. *(arrastrar)*
   7. Corre, que se .... el tren. *(ir)*
   8. La Dra. González no podrá atenderles hoy porque .... de viaje. *(estar)*
   9. Ya que .... al club, dile a Juanjo que lo llamaré mañana. *(ir)*
   10. Eso te pasa por ....te donde no te llaman. *(meter)*
   11. Ella vino porque la .... Sara. *(llamar)*
   12. Como allí no .... hacer nada, me fui a mi casa. *(poder)*

Aciertos: .... de 12

3 Forme frases según el modelo.

Ej.: *1. Estás muy delgado.*   *¿Cómo es que estás tan delgado?*

   2. Hace mucho tiempo que no pasas por la asociación.
   ....
   3. No salís de vacaciones este año.
   ....
   4. Han vendido la tienda los Pérez.
   ....
   5. No has ido a trabajar hoy.
   ....
   6. Han cerrado la oficina de Correos.
   ....
   7. Habéis llegado muy tarde.
   ....

Aciertos: .... de 6

4 Complete las frases con el nexo causal más adecuado.

porque (2)	como (5)	por (2)	¿por qué? (3)	que (2)

Ej.: *1. Fuimos a bañarnos porque hacía un calor horrible.*

2. ¿..................... te enfadaste con tus compañeros el otro día?
3. No quiero más, gracias. No puedo comer más .... estoy llenísima.
4. Yo estaba furioso conmigo mismo .... haber aceptado el chantaje.
5. Date prisa, ... pueden venir los otros de un momento a otro.
6. .... él había planeado pasar el fin de semana conmigo, le sugerí que me acompañara.
7. .... temía confiar en mi memoria, lo apunté todo en un papel.
8. Eso te pasa .... no mirar dónde pisas.
9. Vámonos ya a casa, ... es tarde.
10. ¿..................... no llamas a Marcela y la invitas a comer?
11. .... mi madre ya había hecho la comida, me quedé a comer con ella.
12. .... yo era el único responsable de la seguridad, pedí aumento de sueldo.
13. .... estaban muy preocupados, no quise decirles nada.
14. ¿..................... te enfadas?, yo no te he hecho nada.

Aciertos: .... de 13

5 Complete con *porque / a causa de*.

Ej.: *1. Se producen muchos accidentes a causa del alcohol.*

2. No pude ir a buscarte al aeropuerto .... tuve que quedarme en una reunión importantísima.
3. Lo expulsaron del ejército .... su irresponsabilidad.
4. .... el mal tiempo se tuvieron que suspender las tareas de rescate de los montañeros desaparecidos.
5. Se hizo maestro .... le encantaban los niños.
6. No pudo seguir trabajando en la empresa .... su mal carácter.
7. Cada día hay más economía sumergida .... el paro.
8. Se operó de la garganta .... se lo habían aconsejado los dos médicos a los que consultó.
9. La Tierra se calienta cada día más .... la contaminación.
10. No les gustaba salir con Elena .... ella se mostraba muy pedante cada vez que hablaba.

Aciertos: .... de 9

Ejercicios

6 Forme una frase compuesta con cada uno de los pares de frases que le damos. Utilice los conectores del recuadro.

si (2)   aunque (2)   como (2)   pero (2)   para que

Ej.: *1. No me pide disculpas. No quiero volver a hablar con él.*
Si no me pide disculpas, no quiero volver a hablar con él.

2. No venías. Nos fuimos.
....

3. Mañana iré a bailar. Me dolerá la pierna.
....

4. Él lleva gafas de sol. Está lloviendo.
....

5. Ella ha descolgado el teléfono. No le molestará nadie.
....

6. Hoy no he desayunado. Tengo un hambre horrible.
....

7. Llamó muchas veces a la puerta. Nadie le abrió.
....

8. No puedes hacerlo sola. Llámame.
....

9. Ella quiere casarse. Yo no.
....

Aciertos: .... de 8

7 Intente encontrar respuestas lógicas para estas preguntas. Puede dar varias y algunas pueden ser menos lógicas.

Ej.: *1. ¿Por qué se duerme la siesta en algunos países?*
Porque hace demasiado calor para trabajar en las primeras horas de la tarde.
Como es una costumbre antigua, todavía se sigue haciendo.
Porque en esos países la gente se acuesta tarde y luego tiene sueño de día.

2. ¿Por qué las mujeres llevan falda y los hombres no?
....
....
....

3. ¿Por qué fuma la gente?
....
....
....

4. ¿Por qué hay guerras y hambre en el mundo?
....
....
....

5. ¿Por qué hay que ir a la escuela a aprender?

....
....
....

6. ¿Por qué compramos lo que anuncian en la tele?

....
....
....

7. ¿Por qué le gusta la primavera a casi todo el mundo?

....
....
....

8. ¿Por qué canta y baila la gente?

....
....
....

Observe

Hola, buenos días, ¿hay algo para mí?

¿Qué hay, papá? ¿Me ha llamado alguien?

Pues sí, uno con una voz muy rara.

Al final le he comprado unos vaqueros a Javi.

Anda, yo también le he comprado unos a Susi.

No se olvidará tomar el antibiótico cada ocho horas, ¿verdad?

F

Forma

Indefinidos y cuantitativos	
Invariables	**Variables (Para personas y cosas)**
(Para personas) Alguien / nadie	Algún(o), -a, -os, -as Ningún(o), -a, -os, -as Uno, -a, -os, -as
(Para cosas) Algo / nada	Demasiado, -a, -os, -as Bastante, -es Mucho, -a, -os, -as
(Para personas y cosas) Cada	Todo, -a, -os, -as Poco, -a, -os, -as Cualquier(a)

Uso

ALGUIEN / ALGO / NADIE / NADA
Son invariables. Funcionan como pronombres:
> ✓ ¿**Alguien** quiere decir algo?

ALGUNO, -A, -OS, -AS / NINGUNO, -A, -OS, -AS / UNO, -A, -OS, -AS

1 — Suelen funcionar como adjetivos o como pronombres:
> ✓ ¿Has visto **alguna vez** un huracán?
> • Buenos días, ¿tienen habitaciones libres?
> • Sí, creo que nos queda **alguna**.

2 — Alguno y ninguno pierden la -o delante de un nombre masculino singular:
> • ¿Tenéis **algún problema**?
> • No, **ninguno**.

3 — Los plurales ningunas - ningunos se utilizan muy poco, únicamente delante de sustantivos que solo poseen número plural:
> ✓ Yo no he visto **ningunos pantalones** tuyos en mi armario.

TODO, -A, -OS, -AS / MUCHO, -A, -OS, -AS / POCO, -A, -OS, -AS / VARIOS, -AS / DEMASIADO, -A, -OS, -AS / BASTANTE, -ES

Son cuantitativos propiamente dichos. Pueden funcionar como pronombres, adjetivos o adverbios y, según su papel, serán variables o invariables. Observe los ejemplos:
> • ¿Tú crees que hay **bastantes sillas** para todos?
> • Yo creo que sí. Antonio ha traído **muchas**.
> ✓ Vamos a dejar esto, por hoy ya hemos trabajado **bastante**.

CUALQUIER(A)

Puede ser pronombre o adjetivo. **Cualquier** es adjetivo y se usa delante de un nombre, masculino o femenino.
> • ¿Qué te gustaría comer?
> • Me da igual, **cualquier cosa** estará bien.
> ✓ **Cualquiera** pensaría que no te interesa.

CADA
Se usa:

1 — Delante de un nombre singular:
> ✓ Álvaro se levanta a las once **cada día**.

2 — Delante de un adjetivo numeral + nombre plural:
> ✓ Inés tiene que tomar el antibiótico **cada ocho horas**.

Ejercicios

1 Complete las frases con *cada* + una de las expresiones del recuadro.

cuatro años   cuarto de hora   quince días   dos o tres años   momento   seis horas

Ej.: *1. • ¿Esta revista es mensual?*
    • No, es quincenal, me la mandan cada quince días.

2. Jorge tiene anginas y el médico le ha dicho que se tome un sobre de antibiótico ....
....
3. En mi país se celebran elecciones generales ....
4. • ¡Vaya!, se nos ha escapado el tren.
   • No te preocupes, pasa uno ....
5. No voy a terminar nunca este trabajo si me interrumpís a ....
6. • ¿Viajas mucho al extranjero?
   • Bueno, no mucho, suelo hacer un viajecito ....

Aciertos: .... de 5

2 Complete con *todo, -a, -os, -as / cada / cualquier, -a.*

Ej.: *1. ¿Te acordarás de tomar la medicina cada cuatro horas?*

2. • ¿Qué me pongo para salir hoy?
   • Lo que quieras, con .... cosa irás bien.
3. En español hay un refrán que dice: «De noche, ... los gatos son pardos», y otro que dice: «.................. oveja, con su pareja».
4. Si no me crees a mí, pregunta a .... de los que estuvieron allí y te dirán lo mismo que yo.
5. A Julia le pasan dinero sus padres .... los meses.
6. ¡Qué pesada! Se pasa .... el día preguntándome lo mismo.
7. • ¿Y los niños?
   • Yo qué sé... .... sabe dónde se han metido ahora.
8. No sabemos dónde ir de vacaciones. .... los sitios están llenos.
9. Ya no sé qué pensar de este chico. .... vez que le pregunto por sus padres me cuenta una historia diferente.
10. Mi mujer está muy harta de ese trabajo. .... día de estos lo deja.
11. Chico, ¿qué te pasa? .... diría que te hemos hecho algo malo.
12. ¿Cómo vas a encontrar tus cosas si las dejas en .... sitio?
13. Yo creo que es mejor que .... uno pague lo suyo, ¿no?
14. • Tráeme un periódico, por favor.
    • ¿Cuál quieres?
    • Me da igual, uno ....
15. Si necesitas algo, llámame a .... hora, ¿vale?
16. ¿Te has dado cuenta de que llevas un calcetín de .... color?
17. Cuantos más seamos para pagar, a menos tocaremos .... uno.
18. Eso es muy fácil, lo hace ....
19. El jefe no ha aparecido por aquí en .... el día.
20. Cuando se trata de un trasplante de corazón, ... minuto que pasa es vital para el enfermo.

Aciertos: .... de 20

3 Complete las frases tomando un elemento de cada recuadro.

> demasiado/-a/-os/-as   bastante/-s

> lejos   gente   buenas   alcohol   probable   camas   ruido   antiguo

Ej.: *1. No pudimos entrar al concierto porque había demasiada gente.*

2. Es mejor que toméis un taxi desde la estación del tren hasta aquí, porque está
.... para venir andando.
3. Yo creo que ella podrá entrar en la universidad, porque sus notas son ....
....
4. Ve a buscar más sillas, no hay .... para todos los que han venido.
5. Por favor, no traigas más botellas de cava, ya hay ....
6. Todos los invitados acabaron borrachos porque habían bebido ....
7. • ¿Tú crees que México será campeón de fútbol?
   • Sí, es ....
8. No me gusta nada este sitio para descansar, hay ....
9. Si queréis, podéis venir a dormir a nuestra casa, tenemos .... para
todos.
10. No me gusta nada este hotel, es ....

> Aciertos: .... de 9

4 Complete las frases con *nada / nadie / algo / algún, -o, -a, -os, -as / ningún, -o, -a, -os,*
-as / uno, -a, -os, -as.

Ej.: *1. ¿Has tomado algo para desayunar?*

2. Aunque el accidente fue grave, no hubo .... herido.
3. Volvió a su pueblo después de diez años y vio que no había cambiado ....
4. • Estoy seguro de que .... de vosotros ha hablado.
   • Te equivocas, ... de nosotros ha dicho una palabra de lo que nos contaste.
5. Salí a comprarle .... a Nieves, pero no encontré .... que me
convenciera.
6. ¿Había .... para mí en el buzón?
7. ¿...................... tiene .... que declarar?
8. ¿Ha preguntado .... por mí?
9. • ¿Tú no tenías varias linternas?
   • Sí, pero hoy no he traído ....
10. No quiero ver a .... en este patio.
11. Me he olvidado los calcetines y en este cajón tienes muchos, ¿me prestas ....?
12. La policía preguntó a .... gente qué había allí, pero .... supo
contestarle.
13. Voy a comprar, ¿quieres que te traiga .... cosa?

14. • ¿Tienes monedas sueltas?
    • Sí, creo que me quedan .... en el monedero.
15. De todos los presentes, solo .... habían sido invitados.
16. • ¿Le queda .... fascículo de la colección de pintura?
    • No, lo siento, no me queda ....
17. .... de los presentes en el congreso venían de muy lejos.
18. Se me acaban de romper las medias, ¿tienes .... de más?
19. ¿...................... de los presentes quiere hacer .... pregunta?
20. ¿Has aprendido .... útil en el cursillo de cocina?
21. Yo creo que aquí no hay .... niño con varicela.
22. • ¿Hay .... novedad?
    • No, ...
23. He probado todas las llaves del llavero, pero .... me sirve para abrir esta puerta.
24. No encuentro mi reloj por .... parte. ¿...................... lo ha visto?
25. • ¿Qué disco pongo?
    • Da igual. .... cualquiera.
26. • ¿Tienes cigarrillos?
    • Sí, creo que me quedan ....

Aciertos: .... de 33

5 Escriba lo contrario.

Ej.: 1. *Todo el mundo está contento con su suerte.*
     Nadie está contento con su suerte.

2. Todos los alumnos entendieron la explicación.
   ....
3. Todos los chicos votaron que no.
   ....
4. Toda la gente del pueblo sabía que los billetes se ocultaban en la bodega.
   ....
5. Nadie estaba dispuesto a declarar en contra del acusado.
   ....
6. No vino nadie a la inauguración de la Feria del Libro.
   ....
7. Todas las mesas estaban ocupadas.
   ....
8. Todas las jugadoras esperaban ganar el partido.
   ....
9. Nadie quería contestar a las preguntas del inspector.
   ....

Aciertos: .... de 8

TEMA 4 | TOTAL aciertos: .... de 75

Observe

Los ministros de Agricultura de la U.E. se han reunido en Bruselas con el fin de debatir el asunto de la pesca.

Ten cuidadito, que no se te caiga.

¿Para qué llamó por teléfono a la Sra. García en la tarde del 7?

Para preguntarle si había recibido ya mi informe.

Forma

F

Para, con el objeto de, con el fin de... + infinitivo / + que + subjuntivo
¿Para qué, con qué fin... + indicativo?

Uso

1 — Las oraciones finales pueden ser introducidas por **para (que)**, **que**, **con el objeto de (que)**, **con el fin de (que)**, y otras similares.

2 — Pueden llevar el verbo en:

a. Infinitivo. Cuando el sujeto de los dos verbos es el mismo:

✓ *El acusado ha declarado eso* **con la intención** *clara* **de librarse** *de la cárcel.*
        (él)   (él)

b. Subjuntivo. Cuando el sujeto es diferente:

✓ *Ha hecho todo eso* **con la intención de que** *sus padres lo* **perdonen**.
  (él)   (ellos)

3 — Las oraciones finales introducidas por **que** llevan el verbo en subjuntivo. Son muy coloquiales y en la principal suele haber un imperativo:

✓ *Silvia,* **ven que te dé** *la merienda.*

4 — **CORRESPONDENCIA TEMPORAL**

a. Si el verbo principal va en presente o pret. perfecto compuesto, el verbo de la subordinada irá en presente de subjuntivo:

✓ **Ha llamado para que le des** *tu número de teléfono.*

b. Si el verbo de la principal va en pasado (pret. perfecto compuesto, pret. imperfecto, pret. perfecto simple o pret. pluscuamperfecto), el verbo de la subordinada irá en pret. imperfecto de subjuntivo:

✓ **Volvió** *a la tienda* **para que le cambiaran** *la cámara de fotos, pero no se la cambiaron.*

5 — Las oraciones interrogativas introducidas por **¿Para qué...?** y similares siempre llevan el verbo en indicativo:

✓ **¿Con qué intención le dijiste** *aquello al carnicero?*

Ejercicios

1 Complete las frases con uno de los verbos del recuadro.

fuéramos	haya	abandonar	preguntar	han construido
dé	pedir	volviera	haga	solicitar

Ej.: *1. Tenemos que llamar a un carpintero para que nos <u>haga</u> una estantería en el pasillo.*

2. Se dirigieron a la embajada con el fin de .... asilo político.
3. El padre de Eugenia la convenció para que .... a estudiar.
4. Fueron a ver a un abogado con el objeto de .... consejo sobre la separación de bienes.
5. Pili, sal que te .... el aire.
6. • ¿Para qué ha llamado Julián?
   • Para .... por mi padre.
7. ¿Con qué fin .... ese muro?
8. Para que no .... más problemas, lo mejor es vender la casa.
9. A las doce nos llamó Óscar para que .... con él a tomar unas copas.
10. Necesitaba un pasaporte para .... el país legalmente.

Aciertos: .... de 9

2 Complete las frases con el verbo que va entre paréntesis en la forma adecuada del indicativo, subjuntivo o infinitivo. Añada la conjunción *que* donde sea necesario.

Ej.: *1. Los ministros se han reunido con el fin de <u>estudiar</u> las medidas oportunas para <u>fomentar</u> el empleo. (estudiar, fomentar)*

2. Salió a dar una vuelta para .... le .... el aire. *(dar)*
3. Le pagaron una buena cantidad de dinero con el fin de que no le .... a la Policía la procedencia de la droga. *(contar)*
4. Se fue con el firme propósito de no .... *(volver)*
5. Ten cuidado, que no se te .... el agua del vaso. *(caer)*
6. Espero que me llames para .... cómo te va. *(saber)*
7. Tienes que comer para .... *(crecer)*
8. Hay que llamar al médico con el fin de .... la defunción. *(certificar)*
9. Pararon para que el chófer .... gasolina y .... el motor y las llantas del *jeep*. *(poner, revisar)*
10. Hay quien vive solo para .... *(trabajar)*
11. Me asomé a la ventana y le hice una seña para .... *(acercarse, ella)*
12. Hay que darle tiempo para .... a la idea. *(acostumbrarse, él)*
13. Para que el dinero me .... más, me alojé en una casa particular. *(durar)*
14. Sus padres la enviaron a EE.UU. con el fin de .... una carrera científica. *(estudiar)*
15. Dejé la puerta del jardín abierta para .... entrar los invitados. *(poder)*
16. • ¿Para qué te .... tres discos del mismo cantante?
   • Para ....le uno a mi hermana y otro a Javi. *(comprar, regalar)*
17. ¿Con qué fin .... el depósito del agua? *(vaciar, ellos)*
18. La mujer cogió de la mano al niño para que no .... por la tienda. *(corretear)*

Ejercicios

19. Te llamo para .... lo que sabes del asunto. *(explicar a mí)*
20. Silencio, aquí hemos venido a ...., no a .... de tonterías. *(trabajar, hablar)*

Aciertos: .... de 22

3 Forme una frase compuesta con cada uno de los pares de frases que le damos. Utilice el conector que aparece entre paréntesis.

Ej.: *1. Este restaurante está de moda. Es muy caro. (por eso)*
Este restaurante está de moda, por eso es tan caro.

2. Dale dinero a Irene. Tiene que hacer la compra. *(para)*
....

3. Se llevan muy bien. A los dos les gusta la música. *(porque)*
....

4. He llamado por teléfono. Quería informarme del horario de trenes. *(para)*
....

5. Tenía muy mal genio. Todos le temían por eso. *(como)*
....

6. Mucha gente pasa las vacaciones en balnearios. Quieren descansar y recuperar la salud. *(con el fin de)*
....
....

7. Llovía muchísimo. Suspendieron el partido de fútbol. *(a causa de)*
....

8. Toma esta foto. No quiero que te olvides de mí. *(para que)*
....

9. Baja la voz. Es mejor que no nos oigan. *(que)*
....

Aciertos: .... de 8

Observe

Nos gustaría comprar una casita de campo que tuviera jardín.

Ya sabéis, quien necesite más papel, que lo pida.

Ayer conocimos a unos que venían a recorrer España en un mes.

Venga, hombre, déjalo ya. Mira que «el que mucho abarca poco aprieta».

En un lugar de la Mancha de cuyo nombre no quiero acordarme...

F

Forma

Oraciones de relativo

(Antecedente) + (preposición) +
que
el, la, los, las que
quien/-es
el, la, lo cual
los, las cuales
cuyo, -a, -os, -as
donde
} + indicativo / subjuntivo

Uso

1 — Las oraciones adjetivas de relativo están introducidas siempre por un conector relativo: **que, quien/-es, donde, el/la/lo cual, los/las cuales. Que** es el más usado, ya que puede referirse a antecedente de persona y de cosa, singular y plural:
> ✓ *Las mujeres que acaban de llegar son suecas.*
> ✓ *El libro que compré ayer está en la estantería.*

2 — Cuando el antecedente (la persona, cosa o lugar al que se refiere el pronombre) es de persona, se puede usar **quien/-es** o **el/la/los/las que**, pero **quien** se usa en contextos un poco más formales o en lengua escrita:
> ✓ *Yo no soy quien está en posesión de la verdad.*

3 — Las formas **el/la/lo cual, los/las cuales** se usan generalmente muy poco y siempre en contextos muy formales. No obstante, es obligatorio utilizarlas cuando van precedidas de una preposición bisílaba o una locución prepositiva:
> ✓ *Este es el árbol debajo del cual se ha hallado el tesoro.*

4 — En el caso de ser necesaria una preposición, esta va siempre delante del pronombre relativo:
> ✓ *Hoy he vuelto a ver a los soldados con los que hablé ayer.*

INDICATIVO / SUBJUNTIVO
El verbo de la oración de relativo puede ir en indicativo o subjuntivo:

1 — Indicativo. Cuando se dice del antecedente algo seguro, constatado:
> ✓ *Los que están aquí son socios.*
> ✓ *Había tres personas que vieron salir al presunto terrorista.*

2 — Subjuntivo. -Cuando se dice del antecedente algo no bien definido o constatado:
> ✓ *Necesitan gente que sepa manejar el ordenador.*
> -Cuando negamos la existencia del antecedente o decimos que es escaso:
> ✓ *Hay pocas personas que hagan la paella como Rafael.*

CORRESPONDENCIA DE TIEMPOS VERBALES
Cuando el verbo de la oración principal está en pasado, el verbo de la oración de relativo, si requiere el modo subjuntivo, irá en pret. imperfecto o pluscuamperfecto:
> ✓ *En todo el pueblo no encontraron a nadie que hubiera visto a los que buscaban.*

CUYO/-A/-OS/-AS
Es un pronombre-adjetivo relativo apenas usado y solo en contextos muy formales. Equivale a **del cual / quien**, y concuerda en género y número con el nombre al que acompaña:
> ✓ *Va a hablar ahora la profesora Ramírez, cuyas ideas todos ustedes conocen sobradamente.*
> ✓ *En un lugar de la Mancha de cuyo nombre no quiero acordarme.*

LO
Cuando el antecedente no se refiere a una cosa identificable, sino a una situación o idea, se utiliza el artículo neutro **lo**:
> ✓ *¿Qué es lo que me querías decir?*

Ejercicios

1 En las frases siguientes, subraye el verbo más adecuado.

Ej.: *1. Ellos se encontraron con un pastor que les <u>enseñó</u> / enseñe a tocar la flauta.*

2. Vivíamos en una casa que en otros tiempos *había pertenecido / perteneciese* a los Domínguez.
3. Me gustaría ir de vacaciones a un país que no *es / fuera* muy caro.
4. Él fue quien los *guió / guiaría* hasta el refugio.
5. No me gusta nada el abrigo que se *ha comprado / haya comprado* Anabel.
6. Tú haz exactamente lo que te *ha dicho / dijera* el médico esta mañana.
7. ¿Conoces algún bar donde *ponen / pongan* buenas tapas?
8. Lo siento, no tengo ningún libro que *habla / hable* de acupuntura.
9. Necesitamos un albañil que *trabaja / trabaje* bien y no *cobra / cobre* mucho.
10. Era la primera vez que yo *veía / haya visto* el mar.
11. Yo no vi al hombre que *robó / robara* la cartera.
12. Quien *quiere / quiera* papel, que levante la mano.
13. Haz lo que tú *quieres / quieras*, yo me voy.
14. ¿Hay alguien que *sabe / sepa* dónde está Laura?
15. Los que *tienen / tengan* hijos están más preocupados por el futuro.
16. El que *necesita / necesite* algo, que lo diga.
17. Aquí, el que *quiere / quiera* algo, lo pide y ya está.
18. Hacen falta especialistas que *enseñan / enseñen* a la gente a vivir ecológicamente.
19. No fue fácil encontrar a alguien que *reunía / reuniera* todas las condiciones.
20. Toma esto y ponlo donde no *pueden / puedan* alcanzarlo los niños.

Aciertos: .... **de 20**

2 Reescriba estas oraciones de relativo de otra manera. Observe el ejemplo.

Ej.: *1. En verano nos alojamos en un hotel que era muy caro.*
El hotel en el que nos alojamos en verano era muy caro.

2. Pasamos por unos pueblos que eran preciosos.
....
3. Te llamé desde una cabina que estaba en medio de un descampado.
....
4. Yo fui de joven a una escuela de *ballet* que ya no existe.
....
5. Volvimos en un avión que pertenecía a una compañía alemana.
....
6. Ayer te hablé de un chico en la biblioteca.
....
7. Trabajo para una empresa que fabrica electrodomésticos.
....
8. Juana está hablando con un hombre que es actor.
....
9. Fui a ver a un médico que ha estudiado acupuntura en Beijing.
....

Aciertos: .... **de 8**

Ejercicios

3 Complete las frases que siguen con una preposición y un relativo de cada recuadro. Algunas veces hay más de una posibilidad.

> con / a / en / de / por

> quien / el / la / los / las que / donde

Ej.: *1. Rosa, a quien / a la que yo adoraba, iba sentada a mi lado.*

2. Allí conocieron a alguien .... también le impresionaba mucho la belleza del paisaje.
3. Aquel fue el año .... nació mi hermano Rafael.
4. Teresa es la chica .... te hablé la semana pasada.
5. El lugar .... nos encontrábamos parecía moverse.
6. La vieja escuela, ... habían pasado varias generaciones, seguía funcionando.
7. Al desandar los mismos pasillos .... acababa de pasar, sintió miedo.
8. Todas las personas .... tenía relaciones comerciales habían recibido cartas de las autoridades .... les solicitaban información.
9. La tarde .... nos encontramos por casualidad, quise invitarla.
10. Escribió una carta .... explicaba las razones de su dimisión.
11. La Academia de Ciencias .... trabajaba era una institución descomunal.
12. Algunos amigos, ... había estudiado, eludieron el compromiso.
13. La razón .... no te llamé es que no tenía tu teléfono.
14. El periodista .... hablamos nos hizo muchas preguntas indiscretas.
15. La policía, ... llamé, no me hizo mucho caso.

Aciertos: .... de 15

4 Complete las frases con el verbo en la forma correcta del subjuntivo.

Ej.: *1. No hay ninguna universidad que te acepte con esa nota media.*

2. No conozco a nadie que .... como él. *(bailar)*
3. No tenía a nadie que le .... en casa. *(ayudar)*
4. Hay pocos que .... tanto como él sobre ese tema. *(saber)*
5. No hay muchos que .... dispuestos a hacer ese trabajo. *(estar)*
6. Había poca gente que .... exactamente qué estaba pasando. *(saber)*
7. Nunca he visto una tienda que .... tan cara como esta. *(ser)*
8. Aquí no hay nadie que .... flamenco. *(bailar)*
9. En realidad, no hay nada que vosotros .... hacer. *(poder)*
10. Quien no .... de acuerdo, que lo diga. *(estar)*
11. Salí a comprar, pero no vi nada que me .... *(gustar)*
12. ¿Conoces a alguien que .... un sofá? Tengo que vender el mío. *(necesitar)*

Aciertos: .... de 11

5 Complete las frases con *el / la / los / las / lo que*.

Ej.: *1. Lo que ha ocurrido esta mañana no me sorprende.*

2. La policía todavía no ha detenido a .... robaron el cuadro.
3. Recuerda siempre .... te he dicho, hija mía.
4. .... me preocupa es tu hermana, no tú.
5. .... me preocupa es qué pasará cuando nos quedemos sin trabajo.
6. .... van detrás del todo son Victoria y Natalia.
7. .... no esté de acuerdo, que proteste.
8. .... tienes que hacer es llamarle ya.
9. .... vemos en la tele es, casi siempre, ficción.
10. .... sepan francés, que lo lean en versión original.
11. A .... tienes que llamar es a María Luisa.
12. .... pasaban por allí se quedaban mirando asombrados.
13. .... pasa es que hay demasiada demanda.
14. Yo .... quería era ser actor.

Aciertos: .... de 13

6 Escriba el verbo en indicativo o subjuntivo.

Ej.: *1. La que lleva el vestido rojo es Carmen. (llevar)*

2. Tú solo debes dejar entrar a los que .... socios. *(ser)*
3. El que ...., que salga. *(tener prisa)*
4. Los que .... más tiempo, que lo digan. *(necesitar)*
5. Los pocos turistas que .... hasta allí se iban sin ver nada. *(llegar)*
6. Si vas a ese pueblo, no te creas nada de lo que allí te .... *(decir)*
7. Los que .... a la excursión contaron maravillas de lo que habían visto. *(ir)*
8. Estaban esperando a la doctora que .... a su madre el lunes anterior. *(operar)*
9. Están esperando a alguien que les .... por qué se ha producido la avería. *(explicar)*
10. No debes creer nada de lo que normalmente .... las revistas del corazón. *(decir)*
11. Me he comprado el libro que me .... el tío Ramón. *(recomendar)*
12. Tenemos que mirar mucho, no nos vamos a comprar la primera casa que .... *(ver)*
13. Yo voy a hacerlo, lo que .... después la gente no es problema mío. *(decir)*
14. En esa empresa faltan técnicos que .... mucha informática. *(saber)*

Aciertos: .... de 13

TEMA 6 | TOTAL aciertos: .... de 80

Observe

F

Forma

Régimen preposicional

A: acostumbrarse, dedicarse, negarse, etc.
Con: chocar, comparar, entrevistarse, etc.
De: asustarse, adueñarse, alejarse, carecer, escaparse, fiarse, privarse, etc.
En: confiar, convertirse, empeñarse, pensar, etc.

Locuciones preposicionales

de vista	*de quicio*	*por los codos*	*para el arrastre*
a pierna suelta	*a lágrima viva*	*a cántaros*	*en las nubes*

Uso

A

1 — Se usa la preposición **a** delante del objeto indirecto, y del objeto directo cuando este se refiere a personas concretas y determinadas:

✔ Dale estos libros **a la bibliotecaria**.
            (OI)
✔ Esta mañana he visto **a mi jefe** en la cola del autobús.
                        (OD)
✔ ¿Has visto **al jardinero**?
                (OD)

pero

✔ Esta mañana he visto una película.
✔ ¿Para qué quieres un jardinero?

2 — Cuando el objeto directo se refiere a animales, el uso de la preposición **a** es opcional. En general, se usa con verbos que significan actividades propias de seres animados, como *alimentar, pasear, querer, saludar*, etc.

✔ ¿Estás criando **(a) diez** perros a la vez?

PARA

1 — En general, con **para** podemos expresar **finalidad**, **dirección** o **lugar** al que se dirige alguien o algo, así como **tiempo**:

✔ Estas gafas son **para ver** de cerca.
✔ Este tren no va **para Granada**
• ¿**Para cuándo** tendrán las fotografías?
• **Para dentro de una hora.**

2 — Seguida de un nombre propio de persona o pronombre personal, equivale a «en mi / tu / su opinión»:
✔ **Para él**, todo el mundo es bueno.

POR

1 — Con **por** podemos expresar principalmente **causa, medio para un fin, lugar, precio**:

✔ No hace más deporte **por pereza**.
✔ Mándame el informe **por fax**.
✔ **Por aquí** no llegará a ningún sitio.
✔ Ha conseguido un cuadro de Barceló **por 900.000** euros.

2 — En las oraciones pasivas, precede al complemento agente:
✔ La obra ha sido muy bien acogida **por la crítica**.

3 — Seguida de un nombre propio de persona o pronombre personal, forma una expresión que denota una actitud de indiferencia:

✔ **Por mí**, podéis quedaros aquí trabajando hasta mañana, yo me voy.
(=A mí me da igual si os quedáis o no).

Ejercicios

1 Complete las frases con la preposición *a* (o *al*) solo cuando sea necesario.

Ej.: *1. ¿Le has pagado ya el recibo del alquiler al portero?*

2. Por más que buscamos, no vimos .... la ardilla por ningún lado.
3. No veas .... la televisión desde tan cerca.
4. El sábado pasado, un perro mordió .... mi hijo.
5. ¿Desde cuándo no has visto .... Elena?
6. El vecino no le abre la puerta .... cartero.
7. Tenemos que reunir .... todos los propietarios de la comunidad.
8. Estoy buscando .... un electricista que me cambie la instalación eléctrica.
9. ¿Estás buscando .... la guía telefónica?
10. Beatriz tiene .... tres hijos.
11. ¿Conoces .... mi amiga?
12. ¿Conoces .... alguna ciudad española?
13. ¿Has encontrado .... el mueble que buscabas?
14. Luis, ¡escucha .... el concierto, no hables!
15. ¿........ quién esperas?
16. ¿........ quién has visto?
17. ¿Has telefoneado .... alguien?
18. ¿Para qué necesitas .... un pintor?
19. Mamá, mira .... Pedrito, no me deja estudiar.
20. ¿Has oído .... la radio?, ha habido una explosión aquí cerca.
21. El otro día encontré .... un gatito abandonado y me lo llevé a casa.
22. Hoy el fiscal ha interrogado .... los tres testigos de la defensa.
23. Irene, ¿no has oído .... tu madre? ¡Deja eso y ponte a trabajar!

| Aciertos: .... | de 22 |

2 Complete las frases siguientes con una de estas preposiciones: *en / de / a / con*.

Ej.: *1. Aunque te empeñes en que venga, no vendrá.*

2. ¿Todavía no te has convencido .... que es mejor no discutir?
3. ¿Cuándo vas .... cambiarte .... piso?
4. El ladrón se escapó .... la cárcel con la ayuda .... un funcionario.
5. Pues sí, ahora me relaciono .... gente importante.
6. El ministro de Asuntos Exteriores se entrevistó .... su homólogo francés.
7. ¡Tú ocúpate .... tus asuntos y déjame .... paz!
8. .... las lluvias, los almacenes se llenaron .... agua.
9. Aunque ya está bien, todavía no se atreve .... salir .... la calle.
10. La acusada se negó .... contestar.
11. Adolfo aspira .... convertirse .... el campeón .... España .... atletismo.
12. Fuimos .... felicitar .... Cristina por su brillante actuación.
13. Esa mansión pertenece .... una .... las mujeres más ricas .... país.
14. Todos tenemos que aguantarnos .... lo que nos ha tocado.
15. No puedes comparar este restaurante .... el otro.
16. El coche se salió .... la carretera y chocó .... un árbol.
17. Lo mejor es romper .... el pasado y empezar .... nuevo.

18. No te asustes .... el perro, no hace nada.
19. Es mejor que te alejes .... él.
20. Uno .... los socios se adueñó .... toda la empresa .... poco tiempo.
21. Mi mujer se ocupa .... las cuentas .... toda la comunidad.
22. Están muy mal, carecen .... lo más elemental.
23. Sueña .... convertirse .... una gran escritora.
24. ¿Es que no confías .... mí?
25. Fernando se ha unido .... un grupo de guerrilleros.
26. No se acostumbra .... vivir solo.
27. ¿Quién cuida .... tu bebé?
28. ¿No te fías .... mí?
29. Sus hijos también se dedican .... el cante.

Aciertos: .... **de 45**

3 Complete las frases siguientes con *por* o *para*.

Ej.: *1. Este jarabe es muy bueno para la tos.*

2. Ven .... acá.
3. Te he dicho mil veces que atravieses la calle .... el paso de peatones.
4. Margarita y José Luis están preocupados .... los gastos de la casa.
5. Se han comprado una casa vieja en el pueblo .... cuatro perras.
6. He quedado con ella .... ver muebles.
7. Vino .... estar una semana y se quedó un mes.
8. Necesito una habitación .... tres personas.
9. Es un orgulloso, nos mira a todos .... encima del hombro.
10. No lo hago .... dinero, sino .... amor al arte.
11. Murieron .... defender sus ideas.
12. No te preocupes, lo tendré preparado .... mañana.
13. Mi padre era muy apreciado .... sus compañeros de trabajo.
14. Esta niña es muy alta .... la edad que tiene, ¿no?
15. .... ser sinceros, te diré que me parece fatal lo que ha hecho.
16. Cuando llegamos al apartamento, nos encontramos todas las cosas .... los suelos.
17. ¡Qué caro! Nos han cobrado 10 euros .... dos cervezas y unas tapas.
18. Vale, iré a hablar con él. Que conste que lo hago .... ti.
19. Toma, esto es .... ti.
20. .... mí, puedes hacer lo que quieras.
21. .... mí, que no quieren venir porque están enfadados.
22. Adiós y gracias .... todo.
23. .... una vez que vienes a mi casa, podrías quedarte más rato.
24 .... última vez te lo digo: ven aquí.
25. Esta crema le va mejor .... su piel.
26. He oído .... la radio que va a subir otra vez la gasolina.
27. No me lo mandes .... fax, mándamelo .... correo.
28. No hemos podido salir .... culpa de la avería del coche.
29. No mires .... allá, mira .... acá.

Aciertos: .... **de 31**

Ejercicios

4 Complete las frases con las expresiones del recuadro.

a cántaros	de quicio	para el arrastre	por los codos	de vista
a pierna suelta	en las nubes	en desgracia	a lágrima viva	

Ej.: *1. Estoy harta de ti, no sabes las ganas que tengo de perderte de vista.*

2. No pudieron salir a buscar a los marineros porque estaba lloviendo ....
3. No sé qué me pasa con este niño, pero continuamente me pone nervioso y me saca ....
4. ¿Que Julia es tímida? ¡Qué va!, cuando la conozcas, verás que habla hasta ....
5. Sí, este profesor es muy despistado, está siempre ....
6. Parece que el director general ha caído .... Lo van a trasladar a una sucursal pequeña, con menos categoría y menos sueldo.
7. No puedo más, estoy ....
8. ¿Sabes qué hizo Sara? A pesar del jaleo que había, se acostó y se pasó la noche durmiendo ....
9. Con este culebrón, toda la gente llora ....

Aciertos: .... de 8

5 Complete las frases que siguen con la preposición más adecuada.

Ej.: *1. La niña contemplaba la lluvia por la sucia ventanilla.*

2. Telefoneé .... la División .... Viajes .... Exterior .... una cabina y pregunté .... ella.
3. Encontraron .... anciano .... la mesa de la cocina, frente .... un televisor portátil, ... la camisa desabrochada.
4. ¿Tienes algún libro escrito .... Miguel Delibes?
5. No se han marchado todavía de la fiesta .... los niños.
6. Ten paciencia, ya no tardaremos .... llegar.
7. Todavía quedan varios pisos .... vender.
8. La directora se reunió .... los consejeros .... estudiar la situación económica .... la empresa.
9. Hizo todas las tareas .... la casa .... tres horas.
10. ¿........ cuánto te ha costado cada entrada?
11. Los traductores cobran .... número de palabras.
12. • ¿........ qué aspiras?
    • ¿Yo?, pues .... vivir lo mejor posible.
13. Desde que salió .... su casa .... los 18 años, no ha vuelto .... ver .... sus padres.
14. Cambió la moto .... un ordenador.
15. Tuvo que renunciar .... sus estudios .... quedarse .... ayudar .... su familia.
16. Se quedó .... habla .... causa .... la sorpresa.
17. Aquí lo venden todo .... 3 euros.
18. .... la entrada .... pueblo hay un monumento .... la paz.

19. Yo hago ese trayecto .... 10 minutos.
20. Lo siento .... ti, pero no podré prestarte más dinero.
21. ¿........ cuantos kilómetros está Madrid .... Sevilla?
22. Ellos vivían .... pocos kilómetros del centro.
23. No debes fiarte .... lo que diga Ernesto.
24. El sueldo no me llega ni .... mitad .... mes.
25. Todos los días llega .... su casa .... madrugada.
26. Se fue .... Córdoba, pero .... los pocos meses volvió.
27. .... toda la tripulación, solo se salvaron cinco marineros.
28. Vale, podemos pintarle todo el piso .... hoy y mañana.
29. ¿Conoces .... chico aquel .... los pantalones vaqueros?
30. El gato salió .... debajo .... la puerta.

Aciertos: .... de 56

6 En las preguntas siguientes hemos borrado las preposiciones. Intente ponerlas otra vez.

Ej.: *1. Buenos días, ¿en qué puedo servirles?*

2. ¿............ dónde me llamas?
3. ¿............ quién van a entrevistar esta noche en la televisión?
4. ¿............ quién son estas flores?
5. ¿............ cuánto tiempo te vas al extranjero?
6. ¿............ cuándo me tendrán arreglado el vídeo?
7. ¿............ cuánto has vendido al final la moto?
8. ¿............ quién le ha pagado usted el recibo?
9. ¿............ dónde se va a Pamplona?
10. ¿............ quién se va a reunir?
11. ¿............ cuántas personas es el cocido?
12. ¿............ quién está enfadado Nacho?
13. ¿............ quién has chocado?
14. ¿............ qué ministerio depende tu departamento?
15. ¿............ qué partido político pertenece la presidenta?
16. ¿............ quién saludabas?
17. ¿............ quién te despedías?
18. ¿............ quién le has pedido prestado el abrigo?
19. ¿............ qué sirve este chisme?

Aciertos: .... de 18

Observe

Venga, no te pongas nervioso, ya verás como no es nada.

Para pasar por esta puerta tienes que hacerte tan pequeña como yo.

¿Y cómo puedo hacerlo?

¿Quién es?

Mi madre se ha vuelto muy desconfiada, no se fía de nadie.

Ustedes se quedarán asombrados ante mi magia.

Forma

F

Volverse / quedarse / ponerse + adjetivo
Hacerse / llegar a ser + adjetivo / nombre
Convertirse + en + nombre

Uso

En español se puede expresar «cambio» con diferentes verbos:

VOLVERSE

Indica una transformación de una cualidad en otra:

> ✓ *Alfredo antes no era muy simpático, pero de un tiempo a esta parte **se ha vuelto más amable.***

QUEDARSE

Indica un cambio después de un proceso:

> ✓ *A consecuencia del accidente, Juan **se quedó ciego**.*

PONERSE

Indica un cambio en la salud o el estado de ánimo más o menos momentáneo:

> ✓ *Federico, cada vez que se cruza con una chica que le gusta, **se pone rojo**.*

HACERSE

Indica un cambio de ideología, religión, profesión, con participación del sujeto:

> ✓ *Rafael **se hizo rico** vendiendo un aparato que él mismo había inventado.*

LLEGAR A SER

Indica un cambio a mejor, dentro de una escala que va de abajo hacia arriba:

> ✓ *Gerardo empezó de botones y **llegó a ser director** del banco.*

CONVERTIRSE

Indica una transformación un tanto radical. Se utiliza con sustantivos precedidos de la preposición **en**:

> ✓ *De la noche a la mañana, Andrea **se convirtió en una actriz** famosa en todo el mundo.*

Ejercicios

1 Escriba delante de cada lista el verbo más adecuado.

> volverse   quedarse   ponerse   hacerse   llegar a ser   convertir(se)

Ej.: *ponerse*
$\left\{\begin{array}{l}\textit{nervioso/-a}\\ \textit{contento/-a}\\ \textit{enfermo/-a}\end{array}\right.$
....
$\left\{\begin{array}{l}\text{ministro/-a}\\ \text{catedrático/-a}\\ \text{algo en la vida}\end{array}\right.$

....
$\left\{\begin{array}{l}\text{viudo/-a}\\ \text{mudo/-a}\\ \text{solo/-a}\end{array}\right.$
....
$\left\{\begin{array}{l}\text{egoísta}\\ \text{desconfiado/-a}\\ \text{loco/-a}\end{array}\right.$

....
$\left\{\begin{array}{l}\text{rico/-a}\\ \text{católico/-a}\\ \text{soldado}\end{array}\right.$
....
$\left\{\begin{array}{l}\text{en oro}\\ \text{en vino}\\ \text{en el héroe / la heroína}\end{array}\right.$

Aciertos: .... de 5

2 Complete las frases con uno de los verbos anteriores en el tiempo adecuado.

Ej.: *1. Desde que le robaron, se ha vuelto muy desconfiado.*

2. En invierno .... de noche muy pronto.
3. Mi abuelo .... millonario vendiendo zapatos.
4. Mis alumnos .... muy contentos cuando les dije que no haríamos ningún examen.
5. Antes no era así, pero desde que tuvo aquel problema, ... muy meticulosa.
6. Al final de la tarde, los niños .... muy pesados y no hay quien los aguante.
7. Cuando le dieron la mala noticia, ... anonadado.
8. Su mayor deseo era que su hija .... médica.
9. La mayoría de los hombres .... calvos a los 40 años.
10. Tenía un perro que de viejo .... muy miedoso.
11. Era católica, pero .... agnóstica en su madurez.
12. Esa profesora tiene muy buen carácter, aunque los niños griten, no .... nunca nerviosa.
13. Fernando Castaño .... famoso después de aquella película en la que trabajaba de galán.
14. Mis sobrinos .... locos de contento cuando les dijimos que nos íbamos a la feria.
15. ¡Qué grande .... este niño!

16. Debido a su enfermedad, Álvaro no pudo .... embajador de su país.
17. ¿Sabes? Carmen y yo .... socios del club de golf, para poder jugar todos los fines de semana.
18. Si sigues mirando directamente al sol, ... ciego.
19. Cuentan que todo lo que tocaba el rey Midas .... en oro.
20. Pero, hombre, di algo. ¿Te .... quedado mudo?

Aciertos: .... de 19

3 Averigüe qué significan estas expresiones y piense una situación para cada una.

Ej.: *1. Ponerse morado de comer. Por ejemplo, en la celebración de un cumpleaños.*

2. Ponerse blanco como la pared.
   ....
3. Quedarse en blanco.
   ....
4. Quedarse sin blanca.
   ....
5. Ponerse rojo.
   ....
6. Quedarse en los huesos.
   ....
7. Quedarse de piedra.
   ....
8. Hacerse el desentendido / loco / tonto.
   ....
9. Pasarse de listo.
   ....

Aciertos: .... de 8

TEMA 8 | TOTAL aciertos: .... de 32

Observe

F

Verbos de sentimiento, deseo y necesidad
{ + infinitivo (mismo sujeto)

+ *que* + subjuntivo (distinto sujeto)

Uso

1 — Las oraciones que dependen de verbos que expresan sentimientos, deseo o necesidad pueden llevar el verbo en infinitivo o subjuntivo:

a. Infinitivo.
Cuando el sujeto (sea lógico o gramatical) de los dos verbos es el mismo:

> ✓ Juan, ¿*te importa traerme* un vaso de agua?
> (tú)   (tú)
> (sujeto lógico)

> ✓ Ellos *no necesitan trabajar* para vivir.
> (ellos)   (ellos)

b. Subjuntivo.
Cuando el sujeto de los dos verbos no es el mismo:

> ✓ *Quiero que* hoy *vuelvas* pronto.
> (yo)   (tú)

> ✓ *Esperaba que vinieras* a buscarme.
> (yo)   (tú)

2 — **CORRESPONDENCIA TEMPORAL.** Si la oración principal va en tiempo pasado o condicional, la oración subordinada irá en pret. imperfecto de subjuntivo:

> ✓ *A ella no le gustó que yo llegara tarde* el sábado pasado.
> ✓ *¿A ti te gustaría que tu mujer fuera* famosa?

Ejercicios

1 Completa las frases siguientes con los elementos del recuadro.

Perdona	¿Quieres
Esperaba	Se alegró de
No necesito	Lamento mucho
Le dolió mucho	Me he alegrado

Ej.: *1. Lamento mucho comunicarte que su solicitud no ha sido admitida.*

2. .... que no te haya llamado antes.
3. .... que vinieras a mi fiesta.
4. ¿................................ estropearme el programa o qué?
5. .... tener que vender la casa.
6. .... que la llamaras en Navidad.
7. .... que me des consejos.
8. .... de recibir tu carta.

Aciertos: .... de 7

2 Haga la transformación, como en el modelo.

Ej.: *1. Espero que no te olvides de mí.*
Esperaba que no te olvidaras de mí.

2. Necesito que me digan la verdad.
....
3. Desean que te mejores.
....
4. Ellos esperan que vayamos a verlos.
....
5. Necesitamos que nos den la respuesta cuanto antes.
....
6. Esperamos que nos aviséis si hay alguna novedad.
....
7. Ellos quieren que yo trabaje incluso sábados y domingos.
....
8. No necesito que tú me defiendas.
....
9. Quieren que vayamos de vacaciones con ellos.
....
10. Espero que me escribáis desde Tokio.
....

Aciertos: .... de 9

3 Subraye el verbo adecuado.

Ej.: *1. Le molestó mucho que le cuente / <u>contara</u> a sus amigos lo de su separación.*

2. Me fastidia *tenga / tener* que madrugar para esa tontería.
3. Me extraña que no *llegar / haya llegado* todavía.
4. No nos importaría que *vengan / vinieran* a vivir con nosotros.
5. Le fastidió bastante que no le *hicieron / hicieran* caso cuando se quejó.
6. ¿No te alegras de que te *ascienden / hayan ascendido*?
7. A la nueva alumna le encantaba *esquíe / esquiar.*
8. ¿No le gustaría *hiciera / hacer* un viajecito por todo el mundo?
9. No importa que *parezca / parecerían* tan segura, es solo una niña.
10. Me alegro de que *hayas conseguido / conseguir* esa beca.
11. Me dolió mucho que no me *hayas llamado / llamaras* cuando murió tu padre.
12. No le importaba que él no le *dijera / decir* la verdad casi nunca.
13. Ya sé que no te gusta que te *hablar / hable* de esto.

Aciertos: .... de 12

4 Escriba el verbo entre paréntesis en la forma correcta.

Ej.: *1. ¿Te importa <u>dejarnos</u> solos un momento? (dejar)*

2. De pequeños nos gustaba que el abuelo nos .... cuentos antes de dormir. *(contar)*
3. A ese no le importaría .... cualquier cosa con tal de ganar dinero. *(hacer)*
4. Me encantaría que me .... un anillo de esos. *(regalar, ellos)*
5. A mi hermano pequeño le gustaría .... marinero. *(ser)*
6. Ella le deseó que .... un buen viaje y que se lo .... muy bien en la playa. *(tener, pasar)*
7. Me alegro de que Gonzalo, el domingo pasado, no me .... mi opinión. *(pedir)*
8. El comandante no quería .... su brazo a torcer. *(dar)*
9. Os deseamos que .... unas felices fiestas. *(pasar)*
10. No necesitamos que nos ...., sabemos ir solos. *(acompañar, tú)*
11. Me molestó enormemente que .... tan tacaño. *(ser)*
12. Nunca esperé .... hasta donde he llegado. *(llegar)*
13. ¿Quieres que te .... una cosa? Me encanta ....te. *(decir, ver)*
14. ¿Qué quieres que yo ....? *(hacer)*
15. ¿Necesitas que te ....? *(ayudar)*
16. A Eva le extrañó ....la en casa de sus amigos. *(encontrar)*
17. ¿Te apetece que .... a dar una vuelta? *(salir, nosotros)*
18. A mí me extrañó que .... en casa de sus padres. *(estar, ella)*
19. No nos gustó nada que .... tan tarde a la reunión. *(llegar, vosotros)*
20. Quisiera que .... que no estamos de acuerdo contigo. *(comprender, tú)*

Aciertos: .... de 21

Ejercicios

5 Escriba alguno de estos verbos y el pronombre correspondiente en la oración principal. En cada caso hay varias respuestas posibles.

querer	desear	gustar	extrañar	molestar
apetecer	esperar	necesitar	alegrarse	

Ej.: *1. Te deseo que pases un feliz cumpleaños.*

2. .... que salgas todas las noches.
3. .... que me llamaras para ir al cine contigo.
4. .... mucho de que hayas conseguido ese premio.
5. ¿..................... tomar algo?
6. .... de recibir tu postal de Mallorca.
7. .... que algunos conductores vayan sin tener en cuenta al resto del mundo.
8. .... que tengas suerte.
9. .... que tratara a la gente tan mal.
10. .... reconciliarse contigo.

Aciertos: .... de 9

6 En la vida social tenemos muchas oportunidades de practicar una serie de fórmulas para expresar buenos deseos, condolencia, disculpas, quejas, etc. Intente escribir la fórmula adecuada a cada una de estas situaciones. Puede haber varias.

Ej.: *1. Unos amigos se van de viaje.* *Espero que tengáis un buen viaje.*

2. Usted llega tarde a una reunión. Pida disculpas y dé una justificación a su tardanza.
....
....
3. Ha ido a ver a un amigo enfermo. ¿Qué le dice al despedirse?
....
....
4. Alguien le dice que al día siguiente tiene un examen o una entrevista bastante importante. ¿Qué le desea usted?
....
5. La misma persona le comunica que ha aprobado el examen o que ha conseguido el trabajo.
....
....
6. Tiene unos vecinos muy ruidosos que están celebrando una fiesta el domingo por la noche. Pídales educadamente que dejen de hacer ruido.
....
....
7. Es el cumpleaños de alguien. Además de desearle felicidad, ¿cómo le desearía una larga vida?
....
....

Aciertos: .... de 6

7 Por carta, también hay ocasiones para expresar deseos, disculpas, etc. Complete los siguientes mensajes.

1.

Querido amigo:
¿Qué tal estás? Yo estoy bien.
Me alegré mucho de .... tu
carta el verano pasado.
Perdona que no te .... antes,
pero es que ....
Eva

2.

Muy señores míos:
He visto un anuncio en el periódico de unos cursos de quiromasa-
je, que me interesan mucho. Les
agradecería mucho que ....
toda la información posible: el precio, la duración, los horarios, etc.

3.

Querida Marta:
He recibido tu invitación de
boda. Te agradezco mucho
que........................, pero
no voy a poder asistir porque
....
Emilio

4.

Muy señores míos:

Quisiera .... una habitación en su hotel para la segunda quin-
cena de julio.

5.

Sr. director:

Somos un grupo de vecinos que
estamos soportando muchas
molestias por vivir en un barrio
que está de moda para salir por
las noches. Por esto queremos
quejarnos de varias cosas.
Primero, estamos hartos de
....
....
....
....
....

Aciertos: .... de 5

Observe

Pretérito pluscuamperfecto (subjuntivo)	Pretérito imperfecto de *haber* (subjuntivo) + Participio pasado

Pretérito imperfecto de *haber* (subjuntivo)   Participio pasado

(yo)	hubiera	
(tú)	hubieras	
(él/ella/usted)	hubiera	*hablado / bebido / escrito*
(nosotros/-as)	hubiéramos	
(vosotros/-as)	hubiérais	
(ellos/ellas/ustedes)	hubieran	

Condicional compuesto	Condicional simple de *haber* + Participio pasado

Condicional simple de *haber* (subjuntivo)   Participio pasado

(yo)	habría	
(tú)	habrías	
(él/ella/usted)	habría	*hablado / bebido / escrito*
(nosotros/-as)	habríamos	
(vosotros/-as)	habríais	
(ellos/ellas/ustedes)	habrían	

Oraciones condicionales con *si*

Oración subordinada → Oración principal

a. Presente de indicativo → Presente / futuro / imperativo
b. Pret. imperfecto subjuntivo → Condicional
c. Pret. pluscuamperfecto subjuntivo → Pluscuamperfecto / condicional compuesto
d. Pret. pluscuamperfecto subjuntivo → Condicional simple

Forma

Uso

1 — Las oraciones condicionales introducidas por **si** pueden tener las siguientes estructuras:

a. Oraciones que expresan condiciones posibles de cumplir:

- *Si tienes tiempo*, ven a mi casa.
- *Si vienes a mi casa*, te invitaré a café.
- *Si podemos*, vamos al cine.

b. Condición poco probable o imposible:

- *Si tuviera tiempo*, iría a tu casa.

c. Condición que no se cumplió en el pasado:
- *Si hubiera tenido tiempo*, habría ido / hubiera ido a tu casa.

d. Condición que no se cumplió en el pasado y que tiene repercusión en el presente:

- *Si hubiera ahorrado lo suficiente*, no tendría que pedir un préstamo.

2 — Las oraciones introducidas por cualquier otro nexo condicional (**a no ser que, con tal de que, siempre que, como, en caso de que**) llevan el verbo en subjuntivo, incluso cuando son del grupo a:

- *En caso de que* me **necesites**, llámame.

3 — **Con tal de que** y **siempre que** introducen oraciones que expresan que el cumplimiento de la condición es indispensable para que se realice algo:

- *Te prestaré mi coche **siempre que** me lo devuelvas antes del lunes.*

4 — Las oraciones que llevan **como** tienen un matiz de advertencia, amenaza:

- ***Como** no vengas a mi boda, me enfadaré contigo.*

Ejercicios

1 Complete según el modelo.

	Pretérito pluscuamperfecto subjuntivo	Condicional compuesto
Ej.: 1. Tener	*hubieras tenido*	*habrías tenido*
2. Escribir	....	....
3. Abrir	....	....
4. Venir	....	....
5. Saber	....	....
6. Estudiar	....	....
7. Leer	....	....
8. Dormir	....	....
9. Poner	....	....

Aciertos: .... de 16

2 Relacione.

Ej.: 1. *Si lo hubiera sabido* ⟶ a. *no habría venido.*

2. Si hubieras visto la película
3. Si hubiera estado en casa
4. Si hubieras venido antes
5. Si hubiera tenido dinero
6. Si hubiera recibido tu carta
7. Si hubiéramos salido antes

b. habría cogido el teléfono.
c. te habría contestado ya.
d. te habría gustado.
e. no habríamos perdido el tren.
f. habrías visto a Lolita.
g. me lo hubiera comprado.

Aciertos: .... de 6

3 ¿Qué hubiera pasado si...

Ej.: 1. ... tú hubieras nacido en Filipinas?
 Si yo hubiera nacido en Filipinas, ahora hablaría tagalo.

2. ... tu padre / madre hubieran sido supermillonarios?
....

3. ... hubieras nacido en el s. XV?
....

4. ... no hubieras conocido a tu pareja?
....

5. ... no hubieras empezado a estudiar español?
....

6. ... te hubieras convertido en una artista famosa?
....

Ejercicios

4 Subraye el verbo adecuado.

Ej.: *1. Si Carlos hubiera corrido, no perdería / <u>habría perdido</u> el autobús.*

2. Si hubiera tenido tiempo, te *llamaría / habría llamado* por teléfono.
3. Yo hubiera ido a verlo también si *hubiera sabido / sabría* que era tan interesante.
4. No *estarías / hubieras estado* tan mal si hubieras ido al médico.
5. Si me *hubieras / habrías llamado* por teléfono, hubiera ido a buscarte al aeropuerto.
6. Lo conozco muy bien, si él *fuera / sería* culpable, yo lo notaría.
7. Si *sabría / hubiera sabido* que aquí llovía tanto, me habría traído el paraguas.

Aciertos: .... de 6

5 Forme frases condicionales siguiendo el modelo.

Ej.: *1. Los generales no han aceptado las condiciones y por eso la guerra todavía no ha terminado. <u>Si los generales hubieran aceptado las condiciones, la guerra ya habría terminado.</u>*

2. Has suspendido tres asignaturas y no puedes pasarte todo el verano jugando con tus amigos.
....

3. No hemos traído el coche porque aquí siempre hay problemas de aparcamiento.
....

4. Se me han secado las plantas porque no las riego bastante.
....

5. Nosotros llegamos tarde a todas partes porque tardamos mucho en arreglarnos.
....

6. Nos hemos perdido porque no compramos un mapa, como yo te dije.
....

7. No le he dicho nada a Mayte porque no la he visto.
....

Aciertos: .... de 6

6 Complete con el verbo en el tiempo adecuado.

Ej.: *1. En caso de que <u>tenga</u> algún problema, llámeme. (tener)*

2. Si .... aquí, te ponen una multa. *(aparcar)*
3. Dijo que vendría el domingo sin falta, a no ser que le .... algún imprevisto. *(surgir)*
4. Con tal de que no .... mucho ruido, podéis poner la tele, la radio o lo que queráis. *(hacer)*
5. Le dijeron que si no .... pagar el alquiler, tenía que dejar el piso. *(poder)*
6. Puedes quedarte con mi perro, pero siempre que lo .... bien. *(cuidar)*
7. Como no .... tu habitación hoy, no saldrás mañana con tus amigos. *(limpiar)*
8. Si Luis no trabajara, ... con los niños. *(quedarse)*
9. Si te ...., coge un libro. *(aburrir)*
10. La conferencia es a las 8, en caso de que no .... venir, llama por teléfono. *(poder)*

Aciertos: .... de 9

7 Complete las frases con uno de los nexos del recuadro.

> en caso de que (2)   con tal de que   si (2)   como   siempre que (2)

Ej.: *1. En caso de que los resultados de los análisis sean positivos, deberá operarse sin falta.*

2. Saldré contigo, ... me lleves a un sitio tranquilo.
3. .... no hay entradas para esa obra, podemos ir a ver la otra, ¿no?
4. Te prestaría el dinero que necesitas .... me lo devolvieras a final de mes.
5. Te dejo salir a la calle a jugar .... me dejes tranquilo un rato.
6. Este aparato tiene garantía. .... no funcione bien, se lo cambiaremos por otro.
7. .... ves a Asunción, dile que la llamaré un día de estos.
8. .... no estés aquí a las ocho en punto, yo me voy.

Aciertos: .... de 7

8 Formule las preguntas siguiendo el ejemplo.

Ej.: *1. ¿Cómo (reaccionar, tú) si un dependiente te (devolver) más dinero del que te corresponde?*
¿Cómo reaccionarías si un dependiente te devolviera más dinero del que te corresponde?

2. ¿Qué *(hacer, tú)* si la televisión *(estropearse)* en mitad de una película interesantísima?
....

3. ¿Qué *(hacer, tú)* si *(ver, tú)* a una persona robándole el bolso a una anciana?
....

4. ¿Qué *(hacer, tú)* si un día se te *(olvidar)* las llaves dentro de tu casa y no *(tener)* otras?
....

5. ¿Qué *(decir, tú)* si *(ver, tú)* en un restaurante de lujo a un amigo que te debe dinero desde hace más de un año?
....

6. ¿A quién *(llamar, tú)* si *(quedarse, tú)* sin gasolina en una carretera?
....

7. ¿Qué *(hacer, tú)* si te *(encontrar, tú)* una cartera con mucho dinero en la calle?
....

Aciertos: .... de 6

9 Responda usted mismo a las preguntas. También puede preguntarle a un compañero y anotar sus respuestas.

Ej.: *1. Si un dependiente me devolviera más dinero del que me corresponde, se lo diría inmediatamente.*
2. ....
3. ....
4. ....
5. ....
6. ....
7. ....

TEMA 10 | TOTAL aciertos: .... de 56

Observe

F

Forma

Comparación de adjetivos, sustantivos y adverbios

De superioridad e inferioridad
(Verbo) + *más / menos* + sust. / adj. / adv. + *que / de* + ...
*La película de hoy **me ha parecido más entretenida que** la del domingo pasado.*

De igualdad:
Verbo + *tanto como* + ...
Verbo + *tan* + adjetivo / adverbio + *como*...
Verbo + *tanto, -a, -os, -as* + sustantivo + *como*...
*Mira, estos pantalones **no son tan caros como** los otros.*
*Yo creo que los vecinos **no tienen tanto dinero como** dicen.*

Superlativo relativo
el / la / lo / los / las más / menos + adjetivo + *de / que*...
*Ana es **la más lista de la clase**.*

Uso

1 Se utiliza la preposición **de** para introducir la segunda parte de la comparación en los casos siguientes:

a. Cuando hablamos de una cantidad determinada:

> ✓ *En la reunión había **más de 50 personas**.*

b. Cuando la comparación está basada en un adjetivo y la frase que sigue empieza por **lo que**:

> ✓ *Esta casa es **más antigua de lo que** parece.*

c. Cuando la comparación está basada en un nombre y además es cuantitativa, sea con un número exacto o no:

> ✓ *Han llegado muchos **más pantalones de los que** habíamos pedido.*

2 Se utiliza **como si + pretérito imperfecto / pluscuamperfecto de subjuntivo** para hacer una comparación exagerada:

> ✓ *Me he comido una galleta y parece **como si me hubiera comido** un paquete entero.*

Ejercicios

1 Relacione.

Ej.: *1. La gente se comporta*

2. Habla de política
3. Se comportaba
4. No me saludó, hizo
5. Estoy tan cansado
6. Gastan el dinero
7. Escribe y habla español

COMO SI

a. hubiera trabajado 20 horas.
b. *fuera a vivir eternamente.*
c. no me hubiera visto.
d. entendiera algo.
e. estuviera loco.
f. hubiera nacido en España.
g. no se acabara nunca.

Aciertos: .... de 6

2 Haga la transformación como en el modelo.

Ej.: *1. No trabaja tanto como él dice.* ⟶ *Trabaja menos de lo que dice.*

2. No tiene tanto dinero como ella cree.
....

3. No es tan joven como parece.
....

4. No hay tantos coches como es habitual.
....

5. Las manzanas no son tan buenas como pensábamos.
....

6. No es tan inteligente como parece.
....

7. La operación no fue tan complicada como dijeron.
....

8. Ella no es tan seria como él dice.
....

9. No hemos gastado tanto como creíamos.
....

10. Las noticias no son tan buenas como esperábamos.
....

3 Transforme según el modelo.

Aciertos: .... de 9

Ej.: *1. ¡Qué chica tan generosa!*
Es la chica más generosa que conozco.
No conozco otra chica tan generosa como ella.

2. ¡Qué película tan divertida!
.... he visto en mi vida.
.... esta.

3. ¡Qué profesor tan pedante!
.... he conocido.
.... este.

4. ¡Qué niña tan traviesa!
.... conozco.
.... ella.

5. ¡Qué hombre tan antipático!
   .... he conocido.
   .... él.
6. ¡Qué hotel tan lujoso!
   .... he visto nunca.
   .... este.
7. ¡Qué casa tan bonita!
   .... hay en este pueblo.
   .... esta.

Aciertos: .... de 6

4 Construya frases comparativas con los elementos que siguen. Puede hacer un modelo o más de uno.

Ej.: *1. Te encuentro / bien / el verano pasado.*
Te encuentro mejor que el verano pasado.
No te encuentro tan bien como el verano pasado.
Te encuentro peor que el verano pasado.

2. Ayer / llovió / hoy.
....
3. Ahora / hablas / fluidamente / antes.
....
4. La salud / importante / el dinero.
....
5. Ahora / madrugo / antes.
....
6. A mí me gusta el café / cargado / a ti.
....
7. Hoy / hace / mucho / frío / ayer.
....
8. Ernesto / no trabaja / antes.
....
9. Este secretario / eficaz / el otro.
....
10. En Segovia / no hay / médicos / Madrid.
....
11. Jaime / ha recorrido / mucho / mundo / todos nosotros.
....
12. Yo creo / este niño / se parece / a su madre / a su padre.
....
13. He visto / mi padre / mal / ayer.
....
14. Vivir en el campo / sano y tranquilo / en la ciudad.
....

Aciertos: .... de 13

Ejercicios

Con los datos de los dos recuadros, forme frases libremente.

tocar el piano	nadar	pasear	conducir
esquiar	bailar sevillanas	escuchar música	cocinar
montar a caballo	pescar	hacer punto	hacer *puenting*
ver la tele	montar en bici	leer	coleccionar sellos

divertido	entretenido	peligroso	aburrido
pesado	relajante	caro	emocionante

Ej.: *Coleccionar sellos es mucho más relajante que bailar sevillanas.*

....
....
....
....
....
....
....
....
....
....
....
....
....
....
....
....
....
....
....
....
....
....
....

TEMA 11   TOTAL aciertos: ....   de 34

Observe

Forma

Perífrasis verbales

Verbo (f. pers.) + (preposición) + infinitivo / gerundio / participio

Uso

1 — Las perífrasis verbales se suelen clasificar según el verbo no personal sea infinitivo, gerundio o participio.

a. Verbo personal + (preposición) + infinitivo.

-Poner(se) a, empezar a, echar a = **Comienzo:**
- ✓ *Cuando amaneció, los excursionistas **echaron a andar**.*

-Volver a = **Repetición:**
- ✓ *Manuel se rompió el brazo el año pasado y este año **ha vuelto a rompérselo**.*

-Venir a, llegar a, acabar de, dejar de = **Terminación:**
- ✓ *Marta **llegó a terminar** la carrera después de muchos años en la universidad.*

-Deber = **Obligación:**
- ✓ *Todo el mundo **debe respetar** las leyes.*

-Deber de = **Hipótesis:**
- • *¿Sabes qué hora es?, no he traído el reloj.*
- • *Yo tampoco, pero **deben de ser** las dos o dos y media.*

b. Verbo personal + gerundio.

-Ir, venir = **Frecuencia, repetición:**
- ✓ *Rosa **va diciendo** que ella es la mejor vendedora de la empresa.*

-Llevar, seguir = **Continuidad:**
- • *¿Todavía **sigues estudiando** música?*
- • *No, ya lo he dejado.*

c. Verbo personal + participio.

-Llevar, tener = **Terminación:**
- • *¿Cuántos temas **llevas hechos** hasta ahora?*
- • *Quince.*

2 — La perífrasis **venir a + infinitivo** se usa frecuentemente para expresar valor de algo o cálculo aproximado:
- • *¿Cuánto costará una máquina de esas?*
- • *Yo calculo que cada una **vendrá a costar** unos 60.000 euros.*

Ejercicios

1 Complete cada frase con una de las perífrasis del recuadro.

he vuelto a ver	vendrá a costar
tienes preparados	tengo dicho
va diciendo	llegó a acabar
venimos ganando	acabo de verlo
dejan de hacer	se puso a llover

Ej.: *1. Yo creo que un aparato de esos <u>vendrá a costar</u> unos 300 euros, más o menos.*

2. ¿Sabes? Un paisano tuyo .... por ahí que no tienes ni un duro.
3. • ¿Qué sabes de Carmela?
   • Pues nada, no la .... desde que se mudó de barrio.
4. • ¿Sabes dónde está el niño?
   • Sí, ... en la cocina.
5. Javier no .... el curso porque se puso enfermo.
6. Si no .... tanto ruido en el bar de abajo, voy a tener que llamar a la policía.
7. Marisa, te .... mil veces que no saltes en la cama.
8. Cuando menos lo esperábamos, ... a cántaros.
9. ¿............................... los paquetes que vas a mandar?
10. • ¿Qué tal os va el negocio?
    • Bien, entre unas cosas y otras, ... unos 150.000 euros al año.

Aciertos: .... de 9

2 Subraye la forma adecuada.

Ej.: *1. Ana M.ª lleva trabajado / <u>trabajando</u> 20 años como ilustradora.*

2. El perro lleva *ladrando / ladrado* toda la noche.
3. El teléfono lleva *sonando / sonado* más de diez minutos.
4. Nosotros no llevamos *viviendo / vividos* aquí mucho tiempo.
5. Andrés lleva *haciendo / hechos* cinco temas.
6. ¿Llevas *esperando / esperado* el autobús mucho tiempo?
7. ¿Cuántos folios llevas *escribiendo / escritos* hasta ahora?
8. Se vio que el abogado no llevaba *preparando / preparada* la defensa de su cliente.
9. Estoy cansadísima, llevo *corrigiendo / corregido* desde las nueve de la mañana.
10. Hasta ahora llevamos *pagando / pagadas* muchas multas tuyas.
11. Mi hermano lleva *haciendo / hechos* pasteles toda la tarde.
12. Ya llevo *leyendo / leídas* 300 páginas de tu novela.
13. Esta noche ya llevo *ganando / ganados* 300 euros en la ruleta.

Aciertos: .... de 12

Ejercicios

3 Escoja la respuesta adecuada.

Ej.: *1. La policía <u>sigue buscando</u> al banquero de Valencia.*
    a. lleva buscando   b. sigue buscando   c. va buscando

2. Yo calculo que Anita .... unos 45 años.
   a. va a tener
   b. vuelve a tener
   c. debe de tener
3. ¡Por fin ....!
   a. acaba de llover
   b. ha dejado de llover
   c. tiene que llover
4. Cuando vio a sus padres, ... hacia ellos.
   a. echó a correr
   b. lleva corriendo
   c. empezó corriendo
5. Ella .... más o menos lo mismo que yo.
   a. lleva ganando
   b. viene a ganar
   c. acaba ganando
6. En la radio .... que la gasolina .... otra vez.
   a. dejan de decir... viene a subir
   b. acaban de decir... va a subir
   c. llegan a decir... debe de subir
7. Su hijo debe .... cuanto antes.
   a. empieza a trabajar
   b. ponerse a trabajar
   c. echar a trabajar
8. María dice que no piensa .... en la vida.
   a. volver a casarse
   b. ponerse a casarse
   c. dejar de casarse
9. Yo creo que él no .... a sus padres, porque murieron muy jóvenes.
   a. vino a conocer
   b. dejó conocer
   c. llegó a conocer
10. • Y tu yerno, ¿qué tal?
    • Bien, ... poco a poco, gracias.
    a. viene mejorando
    b. va mejorando
    c. empieza mejorando
11. Si sigues así, ... al médico.
    a. vas a venir
    b. tendrás que ir
    c. acabas de ir
12. ¿No dijiste que no .... más?
    a. volverías a fumar
    b. llegarías de fumar
    c. irías a fumar

13. .... con mucho entusiasmo para que el fuego no se apagara.
   a. Se pusieron a soplar
   b. Se fueron a soplar
   c. Vinieron a soplar

14. Por favor, no .... otra vez.
   a. dejes de quejarte
   b. empieces a quejarte
   c. llegues a quejarte.

15. Todavía no he visto a nadie, ...
   a. empiezo a llegar
   b. dejo de llegar
   c. acabo de llegar

16. Se le puso la cara roja del jarabe que se ....
   a. empezaba a beber
   b. venía a beber
   c. acababa de beber

17. A pesar de los años, me .... las críticas negativas.
   a. llevan doliendo
   b. siguen doliendo
   c. esperan doliendo

18. ¿..................... la comida?
   a. Sigues preparada
   b. Tienes preparada
   c. Vienes preparada

19. ¿Sabes que Marta .... con su padre?
   a. ha dejado de trabajar
   b. ha acabado de trabajar
   c. va trabajando

20. El extranjero .... con ojos incrédulos.
   a. se dejó mirando
   b. se quedó mirando
   c. se fue mirando

Aciertos: .... de 19

4 Construya preguntas siguiendo el modelo.

Ej.: *1. Vivir en el barrio.* ⟶ *¿Sigues viviendo en el barrio?*

2. Salir con Lucía.
....

3. Trabajar en la misma empresa.
....

4. Ir de vacaciones a la misma playa de todos los veranos.
....

5. Estudiar astronomía.
....

6. Ver a los amigos de antes.
....

Aciertos: .... de 5

TEMA 12 | TOTAL aciertos: .... de 45

Observe

Estaba enfermo, y nos daba **tanta pena que** no pudimos dejarlo en la carretera.

Mi canario no canta **tanto como** yo quisiera. ¿Qué puedo hacer?

Pues dele usted esto y ya verá.

Quería darle las gracias. Mi canario canta **tanto que** estamos encantados.

F

Forma

Oraciones consecutivas

a. *Tan +* $\left\{ \begin{array}{l} \text{adjetivo} \\ \text{adverbio} \end{array} \right\}$ *+ que + ...*

*El piso era **tan caro que** no pudimos comprarlo.*

b. Verbo + *tanto que +* ...
***Duerme tanto que** luego no tiene tiempo de nada.*

c. *Tanto, -a, -os, -as + nombre + que + ...*
*Comió **tantos dulces que** se puso enfermo.*

Uso

Las oraciones consecutivas se usan para expresar la consecuencia de una acción, circunstancia c lidad indicada en la oración principal. Al mismo tiempo, intensifican la expresión y le dan fuerza:

***Trabaja tan despacio que** nunca **termina** a tiempo. (= Trabaja muy despacio.)*

Ejercicios

1 Relacione.

Ej.: *1. Era tan alto*   a. *que no cabía por la puerta*.

2. Tiene tanto desorden   b. que no pudimos ver bien el guiñol.
3. Dio tantos gritos   c. que le oyeron a varios km.
4. Había tanta gente   d. que ni él mismo sabe lo que tiene.
5. Tiene los pies tan grandes   e. que el público se dormía.
6. Hacía tanto calor   f. que no encuentra zapatos de su número.
7. La película era tan aburrida   g. que nadie le cree.
8. Ha dicho tantas mentiras   h. que las piedras quemaban.

Aciertos: .... de 7

2 Forme frases como en el ejemplo.

Ej.: *1. Estábamos todos muy cansados. Nos acostamos pronto.*
Estábamos todos tan cansados que nos acostamos pronto.

2. El accidente fue muy rápido. Nadie se dio cuenta de lo que pasó.
....

3. La carta tenía muchas faltas. Tuve que escribirla otra vez.
....

4. Llovía mucho. No se pudo recoger la cosecha.
....

5. El agua estaba muy turbia. No quisimos beber.
....

6. Hay muchas cosas que hacer. No sé por dónde empezar.
....

7. Fuma mucho. Acabará por ponerse enfermo.
....

8. Había mucha nieve. Los coches no podían pasar.
....

9. Estaba muy contenta. Se puso a cantar.
....

Aciertos: .... de 8

3 Escoja la respuesta adecuada.

Ej.: *1. Aunque no lo creas, ahora ya no como* <u>*tanto como*</u> *antes.*
   a. tan que   *b. tanto como*   *c. tanto que*

2. Salía .... esporádicamente .... muy pocos vecinos lo veían.
   a. tan ... como
   b. tanto ... que
   c. tan ... que
3. Iván se asustó .... se le pusieron los pelos de punta.
   a. tan como
   b. tanto que
   c. tan que

Ejercicios

4. El negocio ese no es .... rentable .... dice.
   - a. tan ... que
   - b. tanto ... como
   - c. tan ... como

5. En Galicia llueve .... en Londres.
   - a. tanto como
   - b. tan como
   - c. tanto que

6. Estaba .... harta de la vida que llevaba .... solo quería perder de vista la ciudad.
   - a. tanta ... como
   - b. tanta ... que
   - c. tan ... que

7. En esa película ya no trabaja .... bien .... en la otra.
   - a. tan ... como
   - b. tanto ... como
   - c. tan ... que

8. Una noche, estaba .... desesperado .... salió a dar un paseo porque no podía dormir.
   - a. tanto ... como
   - b. tan ... que
   - c. tan ... como

9. Me agarró con .... fuerza .... yo pensaba que íbamos a caernos.
   - a. tan ... como
   - b. tanta ... como
   - c. tanta ... que

10. En los hoteles no se puede dormir .... cómodamente .... en la casa propia.
    - a. tan ... como
    - b. tanto ... como
    - c. tan ... que

11. Este año no han venido .... turistas .... otras veces.
    - a. tantas ... que
    - b. tantos ... como
    - c. tantos ... que

12. Cómprate ese traje. No es .... caro .... crees.
    - a. tan ... que
    - b. tanto ... como
    - c. tan ... como

13. Es .... egoísta .... no quiere saber nada de los problemas de sus hermanos
    - a. tan ... que
    - b. tanto ... como
    - c. tanta ... que

14. Conduce .... cuidadosamente .... nunca ha tenido un accidente.
    - a. tanto ... que
    - b. tan ... que
    - c. tanto ... como

Aciertos: .... de 13

TEMA 13 | TOTAL aciertos: .... de 28

⊙○ Observe

TV5 "EL DEBATE"

El tema de hoy es: En el s. XXI, ¿será imprescindible saber español?

Sería conveniente que habláramos seriamente de ello.

Sí, pero lo que es indudable es que el número de hablantes es mayor cada día.

Antes de seguir, sería conveniente que estudiáramos detenidamente los datos que tenemos sobre el tema, ¿no?

Sin embargo, yo no estoy segura de que el español se conserve como es actualmente por mucho tiempo.

Hombre, está claro que la lengua española ocupa un lugar cada vez más importante en el mundo.

Claro, es lógico que siga evolucionando y que incorpore términos nuevos a medida que se necesitan.

F

Forma

(No) es seguro
(No) es evidente
(No) es / está claro
(No) está visto
(No) es cierto

⎫ + *que* + indicativo / subjuntivo

(No) estoy convencido/-a de
(No) estoy seguro/-a de

⎫ + infinitivo
+ *que* + indicativo / subjuntivo

(No) es lógico
(No) es difícil
(No) es conveniente
(No) es necesario
(No) es normal
(No) es mejor
(No) estoy acostumbrado/-a a
(No) estoy dispuesto/-a a
(No) estoy satisfecho/-a de

⎫ + infinitivo
+ *que* + subjuntivo

Uso

ES SEGURO, ES / ESTÁ CLARO, ESTÁ VISTO QUE...

Las oraciones subordinadas introducidas por frases como **es seguro**, **está claro**, etc., pueden llevar el verbo en indicativo o subjuntivo:

1 — Indicativo. Cuando la oración principal es afirmativa:

> ✔ **Es evidente que** M.ª José **tiene** mucho prestigio entre sus colegas.

2 — Subjuntivo. Cuando la oración principal es negativa:

> ✔ **No es seguro** todavía **que** Jesús y Lola **vayan a hacer** huelga.

ES LÓGICO, ES DIFÍCIL, ES MARAVILLOSO QUE...

Las oraciones subordinadas introducidas por frases como **es lógico**, **es difícil**, **es maravilloso**, etc. pueden llevar el verbo en infinitivo o en subjuntivo:

1 — Infinitivo. Cuando el sujeto de las dos oraciones (principal y subordinada) es el mismo o un sujeto determinado:

> ✔ **Está acostumbrado a llegar** tarde siempre.
> (él)   (él)
> ✔ **Es maravilloso vivir** en el campo.

2 — Subjuntivo. Cuando el sujeto de las dos oraciones no es el mismo:

> ✔ **No está acostumbrada a que** le **manden**.
> (ella)   (ellos/-as)
> ✔ **Es lógico que desconfíe** de todo el mundo. Ha tenido muchos desengaños ya.

ESTÁ CONVENCIDO, -A DE (QUE) / ESTÁ SEGURO, -A DE (QUE)...

1 — Las oraciones subordinadas de estas expresiones pueden llevar el verbo en infinitivo, indicativo o subjuntivo:

> ✔ **Estoy segura de aprobar** este examen.
>   (yo)   (yo)
> ✔ **Estoy segura de que** Elena **aprobará** este examen.
> ✔ **No estoy segura de que** Juan Carlos **apruebe** este examen.

CORRESPONDENCIA TEMPORAL

En los casos en que la oración subordinada lleva el verbo en modo subjuntivo, caben diferentes correlaciones temporales:

a. Verbo principal en presente:

> ✓ *No estoy seguro de que vengan.*
> ✓ *No estoy seguro de que hayan venido.*
> ✓ *No estoy seguro de que vinieran.*
> ✓ *No estoy seguro de que hubieran venido.*

b. Verbo principal en pasado:

> ✓ *No estaba seguro de que vinieran.*
> ✓ *No estaba seguro de que hubieran venido.*

c. Verbo principal en futuro:

> ✓ *Será mejor que vengas pronto.*

d. Verbo principal en condicional:

> ✓ *Sería conveniente que vinieran.*

Ejercicios

1 Complete las frases con uno de los elementos del recuadro.

> Está encantada   Está decidida   No estoy seguro
> Están acostumbrados   No estoy dispuesto   Está muy orgullosa
> Está convencido

Ej.: *1. No estoy dispuesto a que me tomen más el pelo.*

2. .... a llevar el asunto a los tribunales.
3. .... de que acepten nuestra oferta.
4. .... de haber conseguido el Premio Nobel de Física.
5. .... de que lo van a readmitir en la empresa.
6. .... de trabajar en el cine.
7. .... a que yo les resuelva todos los problemas.

Aciertos: .... **de 6**

2 Subraye el verbo adecuado.

Ej.: *1. Sería conveniente que vayas / fueras tú mismo y veas / vieras los destrozos que han hecho*

2. No es fácil *aceptar / que aceptara* la muerte de los seres queridos, sobre todo si so jóvenes.
3. Al final, no fue preciso *llamar / que llames* a la ambulancia.
4. Es evidente que Roberto *está / esté* totalmente enamorado de Sonia.
5. Era imprescindible que el notario *levante / levantara* acta de la sesión.
6. Nos fuimos pronto porque *fue / era* probable que *empiece / empezara* a llover de u momento a otro.
7. ¿Es imprescindible *hacer / que hiciera* el examen para pasar al curso siguiente?
8. No es justo que *cierran / cierren* el Centro Dramático Nacional por falta de presupuesto.
9. Para poder cumplir nuestros objetivos, sería necesario que los países ricos *aporten / aportaran* más dinero.
10. ¿No crees que era injusto que siempre *tenga / tuviera* que pagar yo sus multas?
11. Está visto que, al final, *tenga / tengo* que ir yo otra vez al aeropuerto.
12. Lo más probable era que el ratón no *estaba / estuviera* allá dentro.

Aciertos: .... **de 12**

3 Complete las frases con un verbo en el tiempo y modo adecuados.

Ej.: *1. Sería conveniente que tú también te ocuparas de la lavadora y plancharas las camisas (ocupar, planchar)*

2. Estamos seguros de que ustedes .... nuestra delicada situación. *(comprende*
3. Antes, mi cliente no estaba dispuesto a .... su primera declaración, pero ahora sí. *(rectificar)*
4. Era increíble que, media hora después, todavía no .... los bomberos. *(llegar)*
5. ¿Crees que es justo que a los jóvenes les .... la mitad que a los adultos por mismo trabajo? *(pagar)*

6. Están hartos de que siempre les .... lo mismo en la oficina de empleo. *(decir, ellos)*

7. Se fue porque no estaba dispuesto a que le .... más. *(explotar)*

8. Hasta ahora no estaba convencido de que le .... la verdad. *(decir, ellos)*

9. ¿Cómo estabais seguros de que ella no .... a recoger el coche la noche anterior? *(venir)*

10. Ella no estaba segura de que la .... cuando explicó su proyecto. *(entender)*

11. ¿No es maravilloso que Sofía .... por fin el mes que viene? *(volver)*

12. No era lógico que .... así con nosotros, después de todo lo que .... por él. *(portarse, él; hacer)*

13. Estamos muy orgullosos de que en nuestra Constitución se .... a las mujeres antes que a los hombres. *(mencionar)*

14. Sería conveniente que a las horas punta .... más autobuses de servicio. *(haber)*

15. No está claro que él .... el verdadero autor de los cuadros. *(ser)*

16. Será mejor que .... lo que te ha dicho el médico. *(hacer, tú)*

17. Es lógico que si uno .... sus impuestos, luego .... derecho a quejarse. *(pagar, tener)*

18. Es bastante probable que esta momia .... a algún personaje importarte en su tiempo. *(pertenecer)*

19. Será mejor que nadie .... nada de esto. *(decir)*

20. Fue inútil que le ...., no quiso venir al viaje. *(insistir, nosotros)*

21. Es ridículo que .... así, a estas alturas. *(ponerse, tú)*

22. Sería conveniente que .... pronto, para evitar la caravana. *(salir, nosotros)*

23. Dijo que estaba acostumbrada a .... día y noche. *(trabajar)*

24. Mi madre estaba muy orgullosa de que yo .... estudiar Medicina, como ella. *(decidir)*

Aciertos: .... de 25

4 **Exprese su opinión ante estas noticias.**

Ej.: *1. Los españoles de ahora no son tan machistas como los de hace 25 años.*
    Estoy convencido de que es mentira.
    Es lógico que sea así.

2. Hay crisis en el ejército. Los chicos españoles no quieren hacer el servicio militar.
   ....

3. Un agente de policía utiliza el coche patrulla para hacer la compra en el hipermercado.
   ....

4. El próximo año se inaugurarán dos nuevas autopistas a través del Parque Nacional de Doñana. Miles de aves se quedarán sin un lugar para vivir.
   ....
   ....

5. El 60% de los españoles entre 20 y 30 años con un puesto de trabajo aún no ha abandonado el hogar familiar.
   ....

6. Las tasas de la universidad subirán un 8% el próximo curso.
   ....

7. Un conductor se da a la fuga tras atropellar a un peatón.
   ....

Forma

F

Antes de	
Después de	⟶ + infinitivo

Antes de que ⟶ + subjuntivo

Tan pronto como
Cuando
En cuanto
Después de que ⟶ + indicativo / subjuntivo
Hasta que
Siempre que
Mientras (que)

Desde que ⟶ + indicativo

Uso

CUANDO, EN CUANTO, DESPUÉS DE QUE, HASTA QUE, SIEMPRE QUE, MIENTRAS QUE, TAN PRONTO COMO

Las oraciones temporales introducidas por los nexos anteriores pueden llevar el verbo en indicativo o subjuntivo:

1 — Indicativo. Cuando hablamos del presente o del pasado:
- ✔ *La gente no se fue a casa **hasta que** le **dijeron** que no había peligro.*
- ✔ ***Siempre que iba** al extranjero traía regalos para todos.*

2 — Subjuntivo. Cuando hablamos del futuro:
- ✔ *Quédate aquí **hasta que** yo **venga**.*
- ✔ ***Siempre que vaya** al extranjero te traeré un regalo.*
- ✔ ***Mientras esté enferma**, la niña no podrá ir al colegio.*

DESPUÉS DE (QUE)

1 — Suele llevar el verbo en infinitivo, sea con el mismo sujeto o con sujetos distintos:
- ✔ *¿Saldréis **después de cenar**?*
  (vosotros)   (vosotros)
- ✔ *¿Habéis visto a alguien **después de acabar** la película?*

2 — Pueden usarse el indicativo y el subjuntivo cuando se habla del pasado, y el subjuntivo cuando se habla del futuro:
- ✔ *No ha vuelto **después de** que le **dijeron / dijeran** aquello.*
- ✔ ***Después** de que el médico **venga**, podremos salir.*

ANTES DE (QUE)

Se suele usar el infinitivo cuando el sujeto de los dos verbos es el mismo, y el subjuntivo cuando el sujeto es distinto:
- ✔ ***Antes de salir** de viaje, asegúrate de que llevas la documentación.*
- ✔ *Futuro: Vamos a terminar, **antes de que venga** el jefe.*
- ✔ *Pasado: Al final, ayer terminamos todo el trabajo **antes de que llegara** el jefe.*

DESDE QUE

Las oraciones introducidas por **desde que** llevan normalmente el verbo en indicativo:
- ✔ ***Desde que murió** su marido ha cambiado mucho.*

¿CUÁNDO...?

Las oraciones interrogativas directas e indirectas que comienzan por **cuándo** llevan el verbo en indicativo:
- ✔ *¿Sabes **cuándo vendrá** Begoña?*

Ejercicios

1 Complete las frases con las palabras del recuadro.

en cuanto (4)	desde que (4)	hasta que (2)	antes de que (2)
mientras (4)	después de (2)	cuando	

Ej.: *1. En cuanto sepas algo, llámame.*

2. .... se licenció no la he visto.
3. He venido .... me he enterado de la triste noticia.
4. .... unos hacían la comida, otros preparaban la mesa.
5. .... llegues, escríbeme.
6. .... vi esa película de terror, no puedo dormir.
7. .... dure la guerra no podemos viajar a nuestro país.
8. .... haya comido, voy a ayudarte en la tarea.
9. .... pudieran reaccionar los guardias, el prisionero escapó.
10. .... empiece el partido de fútbol, voy a preparar la cena.
11. La mujer, ... lo vio, se emocionó y lloró un poco.
12. Luis, ¡lávate los dientes .... comer chocolate!
13. .... salgo por la mañana, ... vuelvo a casa por la tarde, no paro.
14. Está buscando trabajo, ... han cerrado su empresa.
15. No se dio cuenta de nada .... llegó a casa.
16. .... tú hablas por teléfono, yo voy a hacer un recado.
17. .... esperar dos horas, nos dijeron que la juez no vendría.
18. .... ella se duchaba, él preparó la cena.

Aciertos: .... de 18

2 Haga la transformación siguiendo el modelo.

Ej.: *1. Saldremos antes de que empiece el atasco.*
Salimos antes de que empezara el atasco.

2. Me voy a vestir, antes de que lleguen mis amigos.
....
3. Cenaremos antes de que vengan los otros.
....
4. Iré a dar un paseo antes de que anochezca.
....
5. Bajaré la música, antes de que protesten los vecinos.
....
6. Voy a apagar el fuego, antes de que se queme la comida.
....
7. Compraré otros dos libros de arte de estos, antes de que se agoten.
....
8. Voy a sacar el coche de allí, antes de que se lo lleve la grúa.
....

Aciertos: .... de 7

3 Complete las frases siguientes con el verbo en el modo y tiempo más adecuados: infinitivo / indicativo / subjuntivo.

Ej.: *1. Tan pronto <u>intuyo</u> que la luz verde del semáforo se va a poner naranja, echo una carrerita. (intuir)*

2. Cuando se .... por pistas y caminos, hay que tomar precauciones. *(circular)*
3. La gerente se quedó charlando hasta que .... Vicente. *(llegar)*
4. Mis impresiones digitales se formaron antes de .... *(nacer)*
5. Cuando .... a la escuela secundaria, ya se podía prever qué tipo de persona sería. *(ir)*
6. Mientras yo .... aquí, nada malo te ocurrirá. *(estar)*
7. Vete, antes de que te .... *(ver, él)*
8. Cuando .... en la despensa, la luz no se encendió. *(entrar, yo)*
9. Antes de que yo .... contestarle, se fue. *(poder)*
10. Cuando me .... que no era grave, sentí alivio. *(decir, ellos)*
11. Cuando .... al dentista, me informaron de que debía extraerme inmediatamente varios dientes. *(ir)*
12. Mientras el enfermero .... los utensilios de curar, yo permanecía inmóvil. *(preparar)*
13. Desde que .... la primera vez, he querido verte a solas. *(encontrarse, nosotros)*
14. Cuando ella .... desocupada, pasábamos horas en la cantina del hospital. *(hallarse)*
15. Desde que .... el Servicio Secreto, ha vivido en varios sitios del mundo. *(abandonar, él)*
16. Transcurrió un momento, antes de que .... a hablar. *(volver, ella)*
17. ¿Qué harían cuando .... la hipoteca? *(perder)*
18. Poco tiempo después de que .... del pueblo, la gente dejó de hablar de él. *(irse, él)*
19. En cuanto te .... los resultados de los análisis, llévaselos a tu médico de cabecera. *(dar, ellos)*
20. Antes de .... de casa, yo no sabía ni freír un huevo. *(irse, yo)*
21. Dijo que llamaría en cuanto .... al hotel. *(llegar)*
22. Hasta que no lo ...., no lo creyeron. *(ver)*
23. ¿Qué quieres ser cuando .... mayor? *(ser)*
24. Antes de .... algo, consúltalo con la almohada. *(decidir)*
25. Después de .... con los inspectores, reconsideraron su postura. *(hablar)*
26. ¡Tú no te muevas de aquí hasta que yo te lo ....! *(decir)*

Aciertos: .... de 25

Ejercicios

Una las dos frases en una sola, haciendo las transformaciones oportunas.

| antes de (que) (2)   después de (2)   en cuanto (4)   mientras (2) |

Ej.: *1. Pedro tiene que firmar el contrato ya.*
Van a abrir la fábrica mañana.
Pedro tiene que firmar el contrato antes de que abran la fábrica.

2. Vamos a llegar pronto. Tenemos que encender la chimenea.
....

3. Tú puedes pasar la aspiradora. Yo hago la compra.
....

4. Él se enteró del accidente de avión por televisión. Enseguida llamó a la familia.
....

5. Compramos el ordenador el martes pasado. Habíamos visto la oferta el lunes.
....

6. Vamos a recoger todo esto de la fiesta. Tus padres van a venir de un momento a otro.
....

7. La ley del divorcio salió en abril. Ellos se divorciaron inmediatamente.
....

8. Ella aprobó las oposiciones de juez. Se había trasladado a Soria poco antes.
....

9. Mi marido se jubilará pronto. Entonces nos iremos a vivir a Mallorca.
....

10. Tú vas a comprar los billetes. Al mismo tiempo yo preparo las maletas.
....

Aciertos: .... de 9

TEMA 15   TOTAL aciertos: .... de 59

Observe

F

Forma

Verbos de información + *que* + indicativo		
Verbo introductor	**Estilo directo** (Indicativo)	**Estilo indirecto** (Indicativo)
Presente / pret. perfecto compuesto	Presente / pasado Futuro	⟶ Presente / pasado ⟶ Futuro
Pret. perf. comp. / pret. imperf. / pret. perf. simple /pret. pluscuamp.	Presente Pret. perf. compuesto Pret. perf. simple Pret. imperfecto Futuro	⟶ Pret. imperfecto ⟶ Pret. plusc. / perf. simple ⟶ Pret. plusc. / perf. simple ⟶ Pret. imperfecto ⟶ Condicional

Verbos de prohibición, mandato, recomendación + *que* + subjuntivo

Verbo introductor	**Estilo directo**	**Estilo indirecto**
Presente / pret. perfecto compuesto	Imperativo	⟶ Presente de subj.
Pret. perfecto / pret. imperf. / pret. perf. simple / pret. plusc.	Imperativo	⟶ Pret. imperfecto subj.

Uso

1 — Se usa indicativo en las oraciones dependientes de verbos que expresan transmisión de información como *contar, explicar, preguntar, comentar, informar, advertir, anunciar, asegurar*:
  - ✓ **Han comentado** en el telediario **que** mañana **lloverá**.
  - ✓ Ya **nos advirtieron que** este restaurante **era** carísimo.

2 — Se usa subjuntivo en las oraciones dependientes de verbos que expresan recomendación o mandato como *ordenar, aconsejar, rogar, prohibir, recomendar, sugerir*:
  - ✓ Su médico **le ha recomendado que no fume**.

3 — Algunas veces, el mismo verbo puede tener dos significados distintos y dar lugar a tiempos y modos verbales diferentes en la oración subordinada:
  - (1)   Él **nos advirtió que llegaría** tarde.
  - (2)   Mamá **nos advirtió que no llegáramos** tarde.
  - (1)   advertir = informar.
  - (2)   advertir = ordenar, recomendar.

Ejercicios

1 Complete las frases siguientes con uno de los verbos del recuadro en el tiempo más adecuado de indicativo.

alquilar	salir	ir (4)	casarse	ser	funcionar	entender
estar	poder	pasar	saber	ver	tener	aguantar

Ej.: *1. En la autoescuela nos explicaron cómo funcionaba el embrague.*

2. Ya te advertí que tu madre .... muy mal.
3. Dijo que no .... venir con nosotras porque .... que arreglar la persiana.
4. Nos contaron que .... el mes anterior por lo civil y que .... la luna de miel en Cancún.
5. Me comentó que la fábrica .... de mal en peor y que no .... hasta cuando ....
6. Le pregunté si .... a pasarse la vida quejándose de lo mismo y me respondió que yo .... una egoísta y que no .... nada.
7. Han comentado que pronto .... a cerrar la antigua carretera y que .... a abrir la autopista.
8. Ya nos advirtieron que en esta empresa la mudanza nos .... muy cara.
9. Ella nos contó que todos los fines de semana .... un montón de DVD y los .... en casa, sin salir.

Aciertos: .... de 16

2 Reescriba las frases anteponiendo uno de los verbos del recuadro.

aconsejar	sugerir	rogar	recomendar	prohibir

Ej.: *1. «Id a ese hotel, es muy bueno».*
Él nos recomendó que fuéramos a ese hotel porque era muy bueno.

2. «No os acerquéis al agua».
La abuela ....
3. «Vuelve pronto».
Ella le ....
4. «No trabaje tanto».
El médico ....
5. «Ayúdame, por favor».
Él le ....
6. «Córtate el pelo, estarás mejor».
Mi compañera me ....
7. «No quiero que estudies Filosofía, es una carrera que no sirve para nada».
Su padre le ....
8. «Lo mejor es que hables con el profesor de Julia».
Yo le ....

Ejercicios

9. «No salgas todas las noches».
La madre le ....
10. «Acércame la medicina, por favor».
Ella nos ....
11. «No comas más caramelos».
Él le ....
12. «Cómprate un diccionario más completo».
Yo ....

Aciertos: .... de 11

3 Transforme en estilo indirecto.

Ej.: *1. «Quiero que me lleven a casa».*
La niña dijo que quería que la llevaran a su casa.

2. «No pretendo que me sigas a todas partes».
Le aseguré que ....
3. «Mientras yo escribo, puedes ir al cine».
Yo le propuse que ....
4. «Cuando salgas, ven a verme».
Ella me pidió que ....
5. «No he comido porque no tenía hambre».
Me comentó que ....
6. «Si llama Ángel, dile que no estoy».
Mi hermana me dijo que ....
7. «Espero que te vayas y no vuelvas más».
Él le respondió que ....
8. «Si tuviera dinero, compraría muchos libros».
Comentó que ....
9. «Cuando vuelvas de tu viaje, iré a verte».
Aseguró que ....
10. «Recoge la ropa tendida, antes de que empiece a llover».
Mi madre me mandó que ....

Aciertos: .... de 9

4 Complete las frases siguientes con el verbo en la forma más adecuada.

Ej.: *1. Mis padres me recomendaron que <u>fuera</u> a estudiar a Inglaterra y <u>sacara</u> un certificado de idiomas. (ir, sacar)*

2. Al despedirme de ella, le dije que no la .... jamás. *(olvidar)*
3. Cuando se enteraron de que yo .... rico, me pidieron que .... en varios proyectos de ayuda al medio ambiente. *(ser, colaborar)*
4. El viernes les anunció a sus empleados que no .... a trabajar más. *(volver)*
5. Yo telefoneé a Valeria y le dije que .... y que .... ansioso por verla. Me contestó que ella también me .... de menos. *(regresar, estar, echar)*
6. Él dijo que ella .... utilizar el dinero para escapar. *(deber)*
7. Siempre le recomendaba que no .... a casa demasiado tarde. *(volver)*

8. Llamé por teléfono a mi padre para decirle que .... sin mí. *(comer)*
9. Le pidió a Fernando que le .... una mano. *(echar)*
10. Una vez le pregunté a Silvia qué .... por las tardes y me contestó que .... dar una vuelta por el barrio y tomar un café siempre en el mismo bar. *(hacer, soler)*
11. Me dijo que .... de bajar del autobús. *(acabar)*
12. Le prometiste a Blanca que .... a verla a menudo. *(ir)*
13. Las señales advertían que no .... de la pista. *(salir, nosotros)*
14. El cocinero anunció que la comida .... lista en unos minutos. *(estar)*
15. Le expliqué que no .... escolta. *(querer)*
16. Pediré al ministerio que nos .... más libros. *(enviar)*
17. Ya te había dicho que no .... nada, que nosotros .... la bebida. *(comprar, tú; traer)*

Aciertos: .... de 21

5 ¿Qué le aconsejaron sus compañeros a Ernesto?

Ernesto Pérez trabaja en una empresa desde hace más de 20 años y hace pocos días recibió una oferta de otra empresa. Le ofrecen mayor sueldo y un cargo de mayor responsabilidad del que tiene ahora. No sabe qué hacer. Sus compañeros le hacen varias sugerencias, y luego él se lo cuenta a su mujer. Escriba usted el texto de lo que le ha dicho a su mujer.

VICENTE	PILAR
No dejes esta empresa, te arrepentirás, ya verás.	Esta es la oportunidad de tu vida, tienes derecho a mejorar, acepta la oferta cuanto antes.

CARLOS	JUANJO
Yo creo que debes pensarlo bien antes de decidirte. Pide un tiempo para meditarlo.	Pues yo creo que debes hablar con nuestro jefe de personal y pedirle que te ascienda y te suba el sueldo. Si no te lo sube, te vas.

LUCÍA (mujer de Ernesto): Y tus compañeros, ¿qué te dijeron cuando se lo dijiste?
ERNESTO: Pues no me ayudaron mucho, la verdad, cada uno me aconsejó algo distinto. Vicente me dijo que ....
....
....
....
....
....
....
....
....
....
....

TEMA 16 | TOTAL aciertos: .... de 57

Observe

Pronombres personales

Tónicos	Átonos		Tónicos
Sujeto	Objeto directo	Objeto indirecto	Con preposición
Yo	me	me	mí (conmigo)
Tú	te	te	ti (contigo)
Él, ella, usted	lo, la (le)	le (se)	él, ella, usted / sí (consigo)
Nosotros, -as	nos	nos	nosotros, -as
Vosotros, -as	os	os	vosotros, -as
Ellos, ellas, ustedes	los, las	les (se)	ellos, ellas, ustedes / sí (consigo)

Verbos

Sin pronombre	Con pronombre reflexivo	Con *le*
quedar	quedarse	quedarle (bien/mal)
arreglar	arreglarse	
sentir	sentirse	
faltar		faltarle (algo a alguien)
sentar	sentarse	sentarle (bien/mal)
despedir	despedirse	
parecer	parecerse	parecerle (bien/mal)
olvidar	olvidarse	
interesar	interesarse	interesarle (algo a alguien)
apetecer		apetecerle (algo a alguien)
gustar		gustarle (algo a alguien)

Forma

Uso

1 — En español hay una serie de verbos que cambian de significado según se usen con pronombres o sin ellos *(quedar ≠ quedarse ≠ quedarle)*. Están los verbos que necesitan obligatoriamente la presencia de uno de los pronombres **me, te, le, nos, os, les**:

> ✓ *A las personas mayores **les sienta** fatal este clima húmedo.*
> ✓ *A ella no **le caen** nada bien esos chicos.*

Otras veces necesitan uno de los pronombres reflexivos **me, te, se, nos, os, se**:

> ✓ *Todos **se sintieron** mal después de tomar el postre.*

El uso de un pronombre u otro puede variar ligeramente o sustancialmente el significado del verbo:

> ✓ *Yo creo que a la presentadora no **le queda** bien ese peinado.*
> ✓ *La presentadora no **se quedó** en el programa después de terminar el debate.*

2 — Cuando el nombre (o pronombre) que funciona como objeto directo aparece antes del verbo, es obligatorio utilizar también el pronombre personal correspondiente:

> **Esta película** ya **la** he visto dos veces.
>   (OD)   (OD)

3 — Frecuentemente usamos una estructura compuesta: **se + me / te / le / nos / os / les**. Con el pronombre **se** queremos expresar la falta de responsabilidad del sujeto en la acción verbal y con el segundo pronombre indicamos quién es el afectado por la acción verbal. Compare estas tres formas:

> ✓ *Ayer rompí el jarrón.*
> ✓ *El jarrón **se** rompió en el traslado.*
> ✓ ***Se me** rompió el jarrón cuando le quitaba el polvo.*

4 — Además de **conmigo** y **contigo**, tenemos la forma **consigo**, que tiene valor reflexivo:

> ✓ *Al marcharse de esta casa se llevó **consigo** todas sus pertenencias.*

Excepcionalmente, detrás de la preposición **según** se usa la forma **tú**:

> ✓ ***Según tú**, ¿cuáles son las mejores escritoras en lengua castellana?*

Ejercicios

1 Complete las frases con *se / le / les*, según corresponda.

Ej.: *1. No te preocupes, ya verás como, al final, todo se arregla.*

2. Voy a llamar al electricista que .... arregló la instalación a Nuria y Marta.
3. Él todavía no .... ha convencido de que ha cometido un error.
4. La casa de la plaza .... ha pertenecido siempre a ellos.
5. ¿Has visto lo bien que .... sienta el campo a Alberto?
6. Mi padre siempre .... sienta en el sillón al lado de la ventana.
7. Los animales no necesitan mucho, ... basta vivir.
8. A ellas .... resulta más fácil venir en coche que en tren.
9. Nunca .... acostumbró a levantar............ temprano.
10. Estos esquíes son muy buenos, ... deslizan por la nieve sin sentir.
11. No .... compraron el piso porque el precio no .... convencía mucho.
12. A mis abuelos .... sentó fatal que no fuéramos a verlos.
13. A los niños no .... gustó nada la comida, pero no .... atrevieron a protestar.
14. Siempre ha sido muy desconfiado, no .... fía de nadie.
15. • ¿Qué .... ha pasado a Juana, por qué no ha venido?
    • Pues que .... ha sentado mal la comida y .... duele el estómago.
16. Vosotros sentaos aquí, ellos siempre .... sientan allí.

Aciertos: .... de 20

2 Complete las frases siguientes con los pronombres más adecuados.

Ej.: *1. No creo que David se encuentre tan solo como dices.*

2. A ellos .... parece que la situación es peor que antes.
3. ¿Sabes qué .... ha sucedido a Pedro?
4. No debes quejar............ . Hay mucha gente que está peor que ....
5. Dice un proverbio: «Si lloras de noche, las lágrimas .... impedirán ver las estrellas».
6. Tiraron tanto de la cuerda que al final .... rompió.
7. Si el dinero no .... alcanza, ... queda el recurso de pedir un préstamo. *(a nosotros)*
8. Muchas personas necesitan que alguien .... ayude a sobrevivir.
9. Hija, estudia, ¡no .... distraigas!
10. Eva .... parece mucho a su padre en lo físico.
11. A las amas de casa .... exige que trabajen todo el día sin remuneración alguna.
12. Mi hermano está enfermo. Ayer .... sintió mal y tuvimos que llevar............ al hospital.
13. Ella es tan famosa que cuando va por la calle, la gente .... reconoce y .... pide autógrafos.
14. A mí no .... faltan ofertas de trabajo.
15. A Mayra, trabajar en la radio .... entusiasma.
16. A los jóvenes de hoy no .... interesa la política.
17. El director llamó para interesar............ por la salud de su secretario.
18. A nadie .... debe sorprender que una mujer sea gobernadora.
19. ¡Alfonso, péina............ y a ver si .... cortas el pelo!

Ejercicios

20. .... dije a los niños que .... fueran al cine.
21. A nadie .... importa si vivo sola o acompañada.
22. Te dije que no .... dieras la papilla al bebé. ¿Por qué .... has dado?
23. Ya .... advertí y tú no .... hiciste caso.
24. Y a vosotros, ¿........... apetece tomar algo en la terraza?
25. Cuando .... dieron la noticia, ...quedó de piedra.
26. Aunque creamos que la muerte está lejana, no debemos olvidar........... de ella.
27. • ¿Dónde están mis tijeras?
    • Creo que tu hermana .... puso en esa caja.
28. ¿Qué tal .... pasasteis vosotros en la excursión?

Aciertos: .... de 40

3 En las frases siguientes, hemos borrado los pronombres de objeto directo *(lo / la / los / las)*. Colóquelos en su sitio.

Ej.: *1. Vaya tontería, eso sabe hacer cualquiera.*
Vaya tontería, eso lo sabe hacer cualquiera.

2. Yo a mi mujer no juzgo, a mi mujer amo.
   ....
3. A su gato vacunaron cuando tenía tres meses.
   ....
4. Este puente construyeron los romanos.
   ....
5. Castañas como estas solo venden en mi pueblo.
   ....
6. A tu prima no he visto desde hace más de un año.
   ....
7. Estos pasos aún no hemos aprendido.
   ....

Aciertos: .... de 6

4 Complete con *se + me / te / le / nos / os / les*.

Ej.: *1. Cuando se me acabe el azúcar, empezaré a comprar miel.*

2. He tenido que llamar al técnico, porque .... ha estropeado el calentador.
3. Al niño .... ha caído el reloj a la piscina y .... ha averiado.
4. Hoy no podemos comer en casa, ... ha quemado la comida.
5. • ¿Qué te pasa?
   • Que .... han perdido las llaves del coche y estoy buscándolas.
6. Cuando volvíamos de Viena, ... paró el coche y nos quedamos tirados en la carretera.
7. La comida está sosa, ¿es que .... ha olvidado echarle sal?
8. Al final de la película .... hizo un nudo en la garganta de la emoción. *(a mí)*
9. Solo de pensar en el miedo que pasé, ... ponen los pelos de punta.
10. Julián y Antonio tenían un gato, pero .... escapó hace unos días.

11. Y a vosotros, ¿qué?, ¿.............. ha pasado ya el enfado?

12. ¿A usted no .... ha ocurrido pensar que a mí me molesta el humo?

13. .... acaba de ocurrir una idea: ¿por qué no vamos de vacaciones a Galicia?

Aciertos: .... de 13

5 En las frases siguientes hemos borrado los pronombres que aparecen en el recuadro. Intente colocarlos otra vez.

las	se (3)	les	me (4)	nos	te	la	lo	le (2)

Ej.: *1. Y las niñas, ¿no has visto?*
     Y las niñas, ¿no las has visto?

2. Ella todos los días despierta muy pronto.
....

3. A algunos no ha sentado bien el cambio de gobierno.
....

4. Aunque he tomado una aspirina, aún duele la garganta.
....

5. A nosotros no corresponde decir si hace bien o mal.
....

6. Debes hacer caso a tu madre, ella sabe lo que conviene.
....

7. ¿Qué pasa a esta puerta?, no puede abrir.
....

8. Este niño pasa el día metido en su habitación.
....

9. A mí no gustó la ciudad, encontré sucia.
....

10. Cuando vi al barbero, acerqué a saludar.
....

Aciertos: .... de 14

6 El pronombre que aparece en cursiva es incorrecto. Sustitúyalo por el más adecuado.

Ej.: *1. Me gustaría ir con ti al circo. Me gustaría ir contigo al circo.*

2. Volví la cabeza y no vi a nadie detrás de *yo*.
....

3. ¿Es que no te fías de *sí*?
....

4. Cuando volvió en *él*, preguntó por lo ocurrido.
....

5. ¿Vienes con *yo* a misa?
....

6. No habéis contado con *nos* para ese proyecto.

....

7. Es demasiado exigente con los demás y con *sí* mismo.

....

8. Yo no me fío de nadie, ni siquiera de *yo* mismo.

....

9. Está tan ocupada que no tiene tiempo para dedicarse a *la* misma.

....

10. Yo pensaba que estabas enfadada con *mí*.

....

11. Entonces, según *ti*, ¿quién es el culpable de la crisis?

....

12. ¿Cómo pudiste irte sin *me*?

....

Aciertos: .... **de 11**

TEMA 17 TOTAL aciertos: .... de 104

Observe

Forma

Verbo afirmativo + *que* +
Verbo imperativo negativo + *que* +   } indicativo
Verbo negativo interrogativo + *que* +

Verbo negativo + *que* + subjuntivo / indicativo

Uso

Las oraciones que dependen de verbos que expresan entendimiento o percepción física o intelectual pueden llevar el verbo en indicativo o subjuntivo:

a. Indicativo.

-Cuando la oración principal es afirmativa:
    ✓ *Recuerdo que fuimos* a Asturias por Navidad.
-Cuando la oración principal es imperativa negativa:
    ✓ *No creas que te vas* a salir con la tuya.
-Cuando la oración principal es negativa e interrogativa:
    ✓ *¿No recuerdas que habíamos quedado* a las tres?

b. Subjuntivo.

-Cuando la oración principal es negativa:
    ✓ *No suponía que estuvieras* en casa.

No obstante, se usa el indicativo cuando se habla de algo confirmado:

    ✓ *No recordaba que ya había pagado* el recibo del agua.
    ✓ *No sabía que te gustara / gustaba* tanto la música clásica.

Ejercicios

1 Complete las frases siguientes con los elementos del recuadro.

Entonces comprendí	Mi madre se convenció	No sabía	Yo no creía
No pensaba	No recuerdo	He observado	Supuse

Ej.: *1. No pensaba que fueran tan importantes para ti esas vacaciones.*

2. .... que tú hayas estado en París alguna vez.
3. .... que no nos íbamos a entender.
4. .... que Florencia fuera tan bonita.
5. .... que ya no vendrías a verme hoy.
6. .... que su hijo no ve bien de lejos.
7. .... que Elena y Felipe estaban casados.
8. .... de que era mejor dejar a mi padre.

Aciertos: .... de 7

2 Complete las frases con el verbo en el tiempo adecuado de indicativo.

Ej.: *1. Lo oigo subir por la escalera y de pronto me doy cuenta de que ha estado allí todo el
día. (estar, él)*

2. Al volver de las vacaciones, descubrieron que les .... *(robar)*
3. Recuerdo que esta película la .... hace unos dos meses. *(ver, nosotros)*
4. ¿Te acuerdas de cuando .... en las cataratas de Iguazú? *(estar, nosotros)*
5. Recordé que el domingo anterior .... en una fiesta y .... más
de la cuenta. *(estar, beber, ellos)*
6. Ellos opinaban que las nuevas elecciones las .... los conservadores. *(ganar)*
7. Yo supuse que .... hablando de la nueva dirección. *(estar, ellos)*
8. Cuando tengo jaquecas, siento que la cabeza me .... a estallar. *(ir)*
9. No me acordé de que el ministerio ya .... horario de verano. *(tener)*
10. Al revisar mis papeles, me di cuenta de que .... la carpeta en el gimnasio. *(dejarse)*
11. ¿No habías visto que los frenos del coche .... muy desgastados? *(estar)*
12. Todavía no se ha enterado de que su padre .... el mes pasado. *(morir)*
13. Los investigadores no han descubierto en qué .... el experimento. *(consistir)*
14. ¿No sabes que .... dificilísimo entrar en esa universidad? *(ser)*
15. Mis caseros suponen que .... un viudo que viaja mucho. *(ser, yo)*

Aciertos: .... de 15

3 Complete estas frases con un verbo en subjuntivo.

Ej.: *1. Yo nunca pienso que vaya a ocurrir algo malo. (ir)*

2. No creo que antes de este asunto, ella .... de mí. *(sospechar)*
3. No suponía que los militares condenados .... tratando de dar un nuevo golpe
de Estado. *(estar)*
4. No recordamos que nuestros hijos nos .... malas noches cuando eran pequeños, siempre dormían estupendamente. *(dar)*
5. No creía que Ernesto .... la cara tan dura. Me ha pedido dinero otra vez. *(tener)*

Ejercicios

6. No recuerdo que tú me .... ese libro. *(prestar)*
7. Nunca he visto que Fernández .... un detalle con nadie. *(tener)*
8. Yo no he notado que Ángela .... La veo igual que siempre. *(envejecer)*

Aciertos: .... de 7

4 Complete las frases con uno de los verbos del recuadro en indicativo.

afectar	ir (2)	colocar	poder

Ej.: *1. No creas que siempre te <u>vas</u> a salir con la tuya.*

2. No penséis que a mí este problema no me ....
3. No olvides que fui yo quien lo .... ahí.
4. No te imagines que tú solo .... hacerlo.
5. No creas que los Reyes Mayos .... a traerte todo lo que pidas.

Aciertos: .... de 4

5 Complete las frases siguientes con el verbo en el tiempo y modo más adecuados.

Ej.: *1. No me imaginaba que <u>estuviera</u> tan enfadada. (estar)*

2. No creo que Julia .... todas las asignaturas en junio, le quedará alguna para septiembre. *(aprobar)*
3. ¿Te he despertado? Pensaba que no .... todavía. *(acostarse)*
4. No comprendo que nunca .... dinero, ¿qué hacen con lo que ganan? *(tener)*
5. No creas que todo el mundo .... tan vago como tú. *(ser)*
6. Me enteré de que el verano pasado .... un accidente porque me lo dijo tu primo Juan. *(tener, tú)*
7. No pensaba que su marido .... tan mezquino. *(ser)*
8. ¿Te has dado cuenta de que Marisa .... cada día más guapa? *(estar)*
9. No creía que los niños .... capaces de romper el coche. *(ser)*
10. Ella no pensó que tú .... como lo has hecho. *(reaccionar)*
11. No recuerdo que tú me .... por teléfono el domingo por la noche. *(llamar)*
12. Supongo que no .... inconveniente en hacerme ese favor. *(tener)*
13. En ningún momento vimos que el conductor del camión .... señas al otro conductor. *(hacer)*
14. Enseguida me di cuenta de que allí no .... nada interesante que ver. *(haber)*
15. Al contemplar las fotos comprendo que realmente .... un testimonio de mi experiencia. *(ser)*

Aciertos: .... de 14

TEMA 18 TOTAL aciertos: .... de 47

ORACIONES CONCESIVAS

⬭Observe

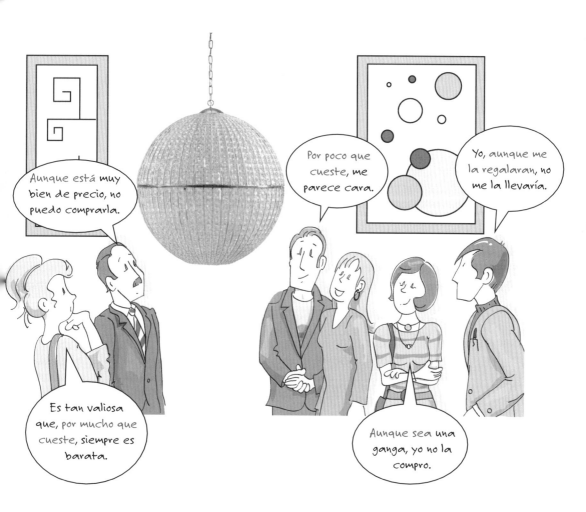

Forma

F

Aunque, por más / mucho que	+	indicativo / subjuntivo
A pesar de (que)	+	infinitivo / indicativo
Por muy / poco	+	(adjetivo) + *que* + subjuntivo

Uso

1 — AUNQUE, POR MÁS / MUCHO QUE

Las oraciones subordinadas concesivas introducidas por estos nexos pueden llevar el verbo en indicativo o subjuntivo.

a. Se prefiere el indicativo:
-Cuando hablamos del pasado:
> ✓ *Ayer,* **aunque no tenía** *ganas, salí a dar un paseo.*
> ✓ **Por más que le insistí,** *no quiso venir conmigo.*

-Cuando hablamos del presente o futuro. Especialmente usamos indicativo si el hablante está muy
seguro de la «concesión» o si esta indica una dificultad real:
> ✓ **Aunque no tengo** *ganas, voy a salir a dar un paseo.*
> ✓ **Aunque hace** *frío, no quiere encender la calefacción.*

b. Se prefiere el subjuntivo:
-Cuando hablamos del futuro. Usamos subjuntivo cuando no estamos seguros o cuando la concesiva
indica una dificultad potencial:
> ✓ **Aunque haga** *frío, no encenderá la calefacción.*
> ✓ **Por más que estudies** *la semana próxima, no aprobarás.*

No obstante, se usa el subjuntivo en ocasiones en las que el hablante está seguro de la concesión
pero, aun así, él no la considera una dificultad real:
> ✓ **Aunque me haya enfadado contigo,** *yo te quiero.*
> ✓ **Aunque haga frío,** *yo quiero salir de todos modos.*

2 — **Correspondencia de tiempos entre la oración subordinada y la principal:**
> ✓ **Aunque él sabía** *la verdad, no nos dijo nada.*
> ✓ **Aunque sabe / sepa** *la verdad, no nos dirá nada.*
> ✓ **Aunque supiera** *la verdad, no nos diría nada.*
> ✓ **Aunque hubiera sabido** *la verdad, no nos hubiera dicho nada.*

A PESAR DE (QUE)

Se usa generalmente con infinitivo o indicativo:
> ✓ **A pesar de llevar** *veinte años en Madrid, conserva el acento andaluz.*
> ✓ **A pesar de que llegó** *tarde, nadie le dijo nada.*

POR MUY / POCO + (adjetivo) + QUE

Se usa con subjuntivo:
> ✓ **Por muy barato que sea,** *no lo compres.*
> ✓ **Por muy barato que fuera,** *no tenías que haberlo comprado.*

Ejercicios

1 Transforme, siguiendo el modelo, las siguientes frases.

Ej.: *1. Por mucho que lo intento, no consigo sacarlo de su mutismo.*
Por mucho que lo <u>intentes</u>, no <u>conseguirás</u> sacarlo de su mutismo.

2. Por mucho que lo lavo, no logro quitarle esa mancha al mantel.
....
3. Por mucho que se esfuerza, no aprueba todas las asignaturas.
....
4. Por mucho que le digo que se calle, no me hace caso.
....
5. Por mucho que corro, no llego nunca a tiempo.
....
6. Por mucho que como, no engordo.
....
7. Por mucho que le insisto, no quiere venir con nosotros.
....

Aciertos: .... de 6

2 Complete las frases con el verbo que va entre paréntesis, en indicativo.

Ej.: *1. Aunque <u>he ido</u> varias veces allí, ya no recuerdo bien cómo se va. (ir, yo)*

2. Por más vueltas que le ...., no comprendo cómo me ha podido pasar esto a mí. *(dar, yo)*
3. A pesar de que .... veinte años, se comporta como un niño de diez. *(tener)*
4. Por más agua que ...., nunca tiene bastante. *(beber, ella)*
5. Aunque .... poquísimo, siempre aparece relajada y contenta. *(dormir)*
6. Por más que le ...., no dijo dónde había pasado las últimas cuarenta y ocho horas. *(preguntar, ellos)*
7. A pesar de todo lo que me .... el otro día, no te guardo rencor. *(decir, tú)*
8. Por más que .... las entradas, no las encontramos por ninguna parte. *(buscar, nosotros)*
9. A pesar de que se lo ...., al final fue a la cena sola. *(advertir, yo)*
10. Aunque .... que no .... mucho dinero, nos cobró la comida. *(saber, él; tener, nosotros)*
11. A pesar de que .... muy enfermo del corazón, no para de trabajar. *(estar, él)*
12. A pesar de que nunca .... de su país, conoce bien las costumbres de distintos países del mundo. *(salir, ella)*

Aciertos: .... de 12

3 En las frases siguientes, haga la transformación según el modelo.

Ej.: *1. Aunque parezca simpático, no te fíes de él.*
<u>*Por muy simpático que parezca, no te fíes de él.*</u>

2. Aunque sea atractivo, no lo compres.
....

3. Aunque sea muy tarde, llámanos cuando llegues.

....

4. Aunque esté muy viejo, no lo tires.

....

5. Aunque sea muy guapo, no lo contratarán para esa película.

....

6. Aunque esté muy cansada, pasará por aquí después del trabajo.

....

7. Aunque vaya muy rápido, no llegará a tiempo.

....

| Aciertos: .... | de 6 |

4 Complete las frases con el verbo que va entre paréntesis en el tiempo adecuado de subjuntivo.

Ej.: *1. No sé exactamente qué le pasa a tu hermano, pero aunque lo <u>supiera</u>, no te lo diría (saber, yo)*

2. Aunque .... menos en esta empresa, yo sé que voy a estar a gusto. *(ganar, yo)*
3. Pensaba que, por mucho que ...., ya no vería otra vez su país. *(vivir, él)*
4. Por más que ...., no lograrás convencerla. *(insistir, tú)*
5. Por más que te ...., debes seguir viviendo y sacar tus conclusiones. *(doler)*
6. Por muy cómodo que .... ese sofá, no me lo puedo llevar, es carísimo. *(ser)*
7. Por muy mal que lo ...., lo hará mejor que el último, que era pésimo. *(hacer)*
8. ¿Sabes ese refrán que dice: «Aunque la mona .... de seda, mona se queda»? *(vestirse)*
9. Si sigues comiendo tanto, por mucha gimnasia que ...., no adelgazarás. *(hacer, tú)*
10. Mi jefa estaba dispuesta a llegar hasta el final de la investigación, aunque le .... el puesto de trabajo. *(costar)*

| Aciertos: .... | de 9 |

5 Subraye el verbo adecuado.

Ej.: *1. Aunque en aquel tiempo no <u>quería</u> / quiera reconocerlo, todavía no se había repuesto de su enfermedad.*

2. Por más antibióticos que le *di / diera* no se le curó la infección.
3. Por muy increíble que te *parece / parezca*, yo nunca he estado en una discoteca.
4. Yo sabía que por más que se *empeñó / empeñara* nunca obtendría el título.
5. Aunque *sabe / sepa* que me molesta mucho, vuelve a casa cada día a las tantas.
6. A pesar de que les *dijeron / dijeran* que ella estaba con gripe, sus hijos no fueron a verla.
7. Aunque *es / fuera* el director general, no tiene derecho a pedirme que trabaje por dos.
8. Por más libros de Medicina que he *leído / leyera*, no he encontrado nada sobre esa enfermedad.
9. De pequeños, en invierno, aunque *hacía / haga* un frío horrible, teníamos que ir andando al colegio, que estaba a 5 km de nuestra casa.
10. Por mucho que *corres / corras*, ya no alcanzarás el autobús de las tres.

11. No le he dicho nada, pero aunque se lo *diga / dijera*, no serviría de nada.
12. Era muy inteligente, por muy difícil que *era / fuera* la pregunta, siempre encontraba la respuesta.
13. Yo, aunque no me he *casado / casara* nunca, he tenido varias relaciones estables.
14. A pesar de que el Gobierno *anunció / anuncie* la semana pasada que impondrá fuertes multas, seguirá habiendo fraude fiscal.
15. Aunque Juana y yo nos *conocemos / conociéramos* desde hace mucho tiempo, nunca hemos hablado íntimamente.
16. Por más que todos *dijeron / dijeran* el otro día que esa película era buenísima, yo la he visto y pienso que no vale nada.
17. Aunque ella *era / sea* una mujer práctica, a veces se dejaba llevar por la imaginación.
18. Tú dijiste que aunque *hacía / hiciera* mal tiempo, *iremos / iríamos* a la playa.

Aciertos: .... de 18

6 Reescribe las frases siguientes utilizando los conectores que aparecen entre paréntesis.

Ej.: *1. No les gustaba mucho la casa, pero se la compraron. (aunque)*
Aunque no les gustaba mucho la casa, se la compraron.

2. Había mucho tráfico, pero conseguí llegar a tiempo.
.... *(a pesar de que)*
3. Como no estés aquí a las ocho en punto, nos vamos.
.... *(si)*
4. En caso de que no encuentre lo que busca, avíseme.
.... *(si)*
5. Llovía demasiado y por eso nos fuimos a casa.
.... *(como)*
6. Es muy rico, pero no lo parece.
.... *(aunque)*
7. Si me lo pide mi mejor amigo, iré.
.... *(en caso de que)*
8. Si no apruebas todo el curso, no iremos de vacaciones.
.... *(como)*
9. Si hay peligro en las carreteras, no podremos salir de viaje.
.... *(mientras)*
10. Yo no quería que nadie me oyera y entré sin hacer ruido.
.... *(como)*

Aciertos: .... de 9

FORMACIÓN DE LAS PALABRAS: PREFIJOS Y SUFIJOS

Observe

Forma

Sufijos de formación de adjetivos

-ble / -es	-oso / -a / -os / -as	-ivo / -a / -os / -as	-nte / -es
amable / -es	caluroso / -a / -os / -as	positivo / -a / -os / -as	evidente / -es
lavable / -es	angustioso / -a / -os / -as	repetitivo / -a / -os / -as	conveniente / -es
temible / -es	amoroso / -a / -os / -as	competitivo / -a / -os / -as	estimulante / -es
disponible / -es	ruidoso / -a / -os / -as	explosivo / -a / -os / -as	insistente / -es

-al / -ales	-ico / -a / -os / -as
legal / -ales	psicológico / -a / -os / -as
habitual / -ales	práctico / -a / -os / -as
filial / -ales	histórico / -a / -os / -as
opcional / -ales	volcánico / -a / -os / -as

Sufijos de formación de nombres

-cia	-dad	-ismo	-eza	-ción
paciencia	capacidad	oportunismo	rareza	petición

Uso

Para formar el contrario de algunos adjetivos se utiliza el prefijo in-, que se escribe de modo diferente -i, im-, in-, -ir, según cómo empiece el adjetivo:
- lógico – ilógico
- posible – imposible
- responsable – irresponsable
- cierto – incierto

Con el prefijo des- se puede formar el contrario de numerosos verbos y adjetivos:
- componer – descomponer
- honesto – deshonesto

Para formar nombres abstractos, los sufijos más usados son -cía, -dad / -tad, -ismo, -eza, -ción:
- paciente – paciencia
- capaz – capacidad
- oportuno – oportunismo
- raro – rareza
- pedir – petición

Ejercicios

1 Escriba los nombres correspondientes a los adjetivos que siguen.

Ejs.: *1. amable* <u>*amabilidad*</u>
      2. legal <u>*ley*</u>

3. caluroso ....
4. habitual ....
5. histórico ....
6. repetitivo ....
7. conveniente ....
8. ruidoso ....
9. temible ....
10. opcional ....

Aciertos: .... de 8

2 Escriba el adjetivo correspondiente a los nombres. Utilice los sufijos *-able, -al, -ico, -oso, -ente, -ivo*.

Ej.: *1. nación* <u>*nacional*</u>

2. poder ....
3. poesía ....
4. filosofía ....
5. odio ....
6. imaginación ....
7. influencia ....
8. ofensa ....
9. economía ....
10. inteligencia ....
11. recomendación ....
12. hábito ....
13. crimen ....
14. representación ....
15. profesión ....
16. olor ....
17. trato ....
18. cariño ....
19. rencor ....
20. dolor ....

Aciertos: .... de 19

3 Forme el contrario de los adjetivos que siguen. Utilice *-i, -ir, -im, -in*.

Ej.: *1. lógico* <u>*ilógico*</u>

2. útil ....
3. legible ....
4. potente ....
5. permeable ....
6. resistible ....

7. capaz ....
8. posible ....
9. legal ....
10. oportuno ....
11. real ....
12. sensato ....
13. coherente ....
14. moral ....
15. experto ....
16. presentable ....

Aciertos: .... **de 15**

4 Complete las frases siguientes con un adjetivo o verbo del recuadro. Sobran cuatro.

desobediente	descapotable	desenchufar	desembarcar	desarmar
desentrenadas	desandar	descolgar	desaparecer	desatascar
deshonesto	descomponer	desconocidos		

Ej.: *1. La cajera del banco robó 6.000.000 de euros y desapareció.*

2. ¿Estás seguro de que .... la tele?
3. Tenemos que llamar al fontanero para que .... el fregadero.
4. Las jugadoras han jugado fatal, deben de estar ...., hace mucho que no juegan.
5. La profesora de Jaime me ha dicho que en clase es muy ....
6. ¿Sabes que Cristina se ha comprado un coche ....?
7. Los pasajeros del crucero tuvieron que .... apresuradamente porque se había recibido una amenaza de bomba.
8. Jacinto, ¿quieres hacer el favor de .... ese cuadro? Voy a llevarlo a restaurar.
9. Nos hemos equivocado de camino, me temo que tenemos que .... lo que hemos recorrido hasta ahora.

Aciertos: .... **de 8**

5 Complete según el modelo.

-cia		-idad	
Ejs.: *1. paciente*	*paciencia*	9. *capaz*	*capacidad*
2. inocente	....	10. honesto	....
3. violento	....	11. difícil	....
4. resistente	....	12. fácil	....
5.	independencia	13.	igualdad
6.	inteligencia	14.	fealdad
7.	evidencia	15.	lealtad
8. preferente	....	16. feliz	....

Ejercicios

-eza

Ejs.: *17. raro* ..... *rareza*
18. limpio ....
19. listo ....
20. perezoso ....
21. .... belleza
22. .... riqueza
23. .... certeza
24. duro ....

-ismo

25. *oportuno* ..... *oportunismo*
26. pésimo ....
27. egoísta ....
28. altruista ....
29. .... realismo
30. .... idealismo
31. .... nerviosismo
32. egocéntrico ....

Aciertos: .... de 28

6 Complete según el modelo.

-miento

Ejs.: *1. pensar* ..... *pensamiento*
2. aburrir ....
3. mirar ....
4. sentir ....
5. .... entendimiento
6. .... movimiento
7. .... nacimiento

-encia

8. *creer* ..... *creencia*
9. competir ....
10. insistir ....
11. obedecer ....
12. .... audiencia
13. .... competencia
14. .... preferencia

-ción

Ej.: *15. obligar* ..... *obligación*
16. construir ....
17. aparecer ....
18. informar ....
19. .... relajación
20. .... conducción
21. .... excitación

Aciertos: .... de 18

7 Complete según el modelo.

Ej.: *1. sobrevivir* ..... *supervivencia* ..... *superviviente*

2. .... sequía ....
3. confiar ....
4. recomendar ....
5. impresionar ....
6. .... resistencia ....
7. .... depresión ....
8. .... vidente
9. ansiar ....
10. .... saliente
11. prever ....
12. .... presente
13. traicionar ....

14. liberar ....
15. .... receptor
16. reservar ....

Aciertos: .... de 30

8 Complete las frases siguientes con una de las palabras del ejercicio anterior.

Ej.: *1. Maribel todavía no se ha repuesto de la <u>impresión</u> que le causó el accidente que vio en la carretera.*

2. El juez ha decretado la .... bajo fianza del acusado.
3. La llave de la habitación tienes que dejarla en .... cada vez que salgas del hotel.
4. El tiempo .... para mañana es de tormentas en la montaña.
5. Después de separarse de su mujer, ha caído en una fuerte .... Nada le hace reaccionar.
6. Le gusta mucho ir a la .... para que le pronostique el futuro.
7. Yo tengo plena .... en mis hijos.

Aciertos: .... de 6

9 Diga de qué nombres o adjetivos se derivan los verbos siguientes.

Ej.: *1. enmudecer*   <u>mudo</u>

2. envejecer ....
3. tranquilizar ....
4. revolucionar ....
5. independizar ....
6. anochecer ....
7. cristalizar ....
8. utilizar ....
9. fortalecer ....
10. rejuvenecer ....
11. gotear ....
12. adelgazar ....
13. engordar ....
14. clarificar ....
15. entristecer ....

Aciertos: .... de 14

Observe

F

Forma

Ejemplos de expresiones idiomáticas

tirar por la borda
mirar a alguien por encima del hombro
no dar ni golpe
empinar el codo
tirarse de los pelos

pasarse el día mano sobre mano
estar con el agua al cuello
hablar por los codos
hacer la vista gorda
dar en el clavo

Uso

Las **frases hechas y expresiones idiomáticas,** junto con los **refranes, proverbios** y **aforismos,** forman parte del caudal léxico de una lengua, de ahí la importancia de conocer su significado y su uso. La consulta a diccionarios generales y específicos se hace imprescindible.

Ejercicios

1 Relacione cada expresión con su significado.

Ej.: *1. Hacer novillos.*   a.   *Faltar a clase.*

2.   Tener mala pata.   b.   No trabajar.
3.   Empinar el codo.   c.   Literalmente.
4.   Hacer la vista gorda.   d.   Ser muy precavido.
5.   No dar golpe.   e.   Beber mucho alcohol.
6.   Dar la lata.   f.   Esconder un asunto feo.
7.   Ir con pies de plomo.   g.   No tener en cuenta alguna falta.
8.   Al pie de la letra.   h.   No tener suerte.
9.   Echar tierra a algo.   i.   Molestar insistentemente.

Aciertos: .... de 8

2 Sustituya las expresiones subrayadas por otras en las que no aparezca el verbo *echar*. Haga las transformaciones necesarias.

Ej.: *1. Vamos a echar a suertes quién se encarga de hacer la comida hoy.*
Vamos a <u>sortear</u> quién se encarga de hacer la comida hoy.

2.   Cuando llegó a su casa, <u>echó en falta</u> la cartera y las llaves del coche.
....

3.   No te olvides de <u>echar el cerrojo</u> antes de acostarte.
....

4.   Ella, muy enfadada, le <u>echó una mirada fulminante</u>.
....

5.   Para cerrar el trato, <u>eche una firma</u> aquí.
....

6.   Él, si no <u>echa una hora de siesta</u>, se pone de mal humor.
....

7.   Será mejor que tires todo el pescado a la basura. Parece que <u>está echado a perder</u>.
....

8.   Mira a ver si hay una gasolinera cerca, tenemos que <u>echar gasolina ya</u>.
....

9.   ¡Cómo pasa el tiempo!, sin darnos cuenta <u>se nos han echado encima</u> las Navidades.
....

Aciertos: .... de 8

3 Complete las frases que siguen con una de las expresiones del recuadro.

pillar (a alguien) con las manos en la masa	al pie del cañón
con pelos y señales	hacérsele (a alguien) la boca agua
de boca en boca	costar un ojo de la cara
caérsele (a alguien) el pelo	no tener pies ni cabeza
tener pelos en la lengua	dar pie con bola

Ejercicios

Ej.: *1. Sofía en su trabajo no descansa nunca, está todo el día <u>al pie del cañón</u>.*

2. Cuando llegó la policía, los ladrones no habían salido y los ....
....

3. A mi madre no le importa decir siempre lo que siente, no...
....

4. A mucha gente, cuando ve el escaparate de una pastelería, ...
....

5. La prensa fue silenciada y las noticias de la rebelión se propagaron ....
....

6. Bueno, no hace falta que nos cuentes esa historia tan macabra ....
....

7. Cuando tu madre se entere de que has suspendido cinco asignaturas, prepárate, ...
....

8. Eso que cuentas es absurdo, ...
....

9. No sé qué me pasa hoy, nada me sale bien, no ....
....

10. ¡Chica, qué coche tan impresionante te has comprado!, seguro que te ....
....

Aciertos:	de 9

4 Averigüe qué significan las expresiones siguientes y escriba un ejemplo de cada una.

Ej.: *1. Hablar (hasta) por los codos: Hablar mucho.*
<u>El profesor ha castigado a Miguel porque en clase habla por los codos.</u>

2. Buscarle tres pies al gato.
....
....

3. En pie de guerra.
....
....

4. No tener un pelo de tonto.
....
....

5. Tomar el pelo.
....
....

6. Empinar el codo.
....
....

7. Levantarse con el pie izquierdo.
....
....

8. Tener malas pulgas.

....
....

9. Ser un caradura.

....
....

10. Estar con el agua al cuello.

....
....

11. Matar el tiempo.

....
....

12. Tener resaca.

....
....

13. Sentar la cabeza.

....
....

14. Metérsele en la cabeza.

....
....

15. Dar en el clavo.

....
....

| TEMA 21 | TOTAL aciertos: .... | de 25 |

Observe

Forma

Clasificación de las palabras según el lugar de la sílaba tónica

Esdrújulas	Llanas	Agudas
música	árbol	calor
médico	examen	preguntar
periódico	crisis	café
sílaba	ventana	quizás
árboles	aceituna	casualidad
régimen	fácil	canción

Diptongo: vocal abierta + vocal cerrada
vocal cerrada + vocal cerrada
a-vión, a-gua, fre-cuen-cia, ex-pe-rien-cia

Hiato: vocal abierta + vocal abierta
ví-deo-o
vocal cerrada tónica + vocal abierta
rí-o

Uso

En español, las palabras pueden ser **tónicas** o acentuadas -cuando una de sus sílabas sobresale en intensidad- o **átonas** o inacentuadas, si ninguna sílaba es más intensa que el resto.
Son **palabras tónicas**: los nombres, adjetivos, verbos, algunos adverbios y algunos pronombres.
Son **palabras átonas**: algunos pronombres, algunos adverbios, los artículos, preposiciones y conjunciones, ya que en la cadena hablada se pronuncian apoyándose en la palabra siguiente:

✓ *el árbol; con amor; cuando quieras*

Según el lugar de la sílaba tónica, las palabras se dividen en:

Agudas, cuando la sílaba tónica es la última.
Llanas, cuando la sílaba tónica es la penúltima.
Esdrújulas, cuando la sílaba tónica es la antepenúltima o la anterior a esta.

1 — REGLAS DE ACENTUACIÓN

- Las palabras **agudas** llevan tilde si acaban en **vocal**, en **–n** o en **–s**:

✓ *habló, recepción, comí, chalé, atención, cafés.*

- Las palabras **llanas** llevan tilde si acaban en una consonante diferente de **–n** o **–s**:

✓ *fácil, mármol, González, cárcel.*

- Las palabras **esdrújulas** deben llevar tilde siempre:

> ✓ *ácido, fúnebre, óptimo, legítimo.*

2 — MONOSÍLABOS

Las palabras **monosílabas** no llevan tilde, excepto en el caso en que puedan confundirse con otras monosílabas con diferente función. Veamos las más habituales:

-té (nombre)
> ✓ *A mí no me gusta mucho el* **té**.

te (pronombre personal)
> ✓ *Herminia,* **te** *quiero.*

-sí (pronombre y adverbio)
> ✓ *Vive muy encerrado en* **sí** *mismo.*
> • ¿Quieres correr?
> • **Sí**, *ya voy.*

si (conjunción condicional)
> ✓ **Si** *quieres comer, ven ahora mismo.*

-dé (verbo *dar*)
> ✓ *Dile a tu hermano que te* **dé** *el cuaderno.*

de (preposición)
> ✓ ¿**De** *dónde vienes?*

-sé (verbo *saber* y *ser*)
> ✓ *No* **sé** *nada.*
> ✓ **Sé** *buen chico.*

se (pronombre personal)
> ✓ **Se** *llama Felipe.*

-mí (pronombre)
> ✓ ¿*Esto es para* **mí**?

mi (posesivo)
> ✓ **Mi** *coche está aparcado ahí.*

-él (pronombre)
> ✓ ¿**Él** *no quiere comer?*

el (artículo)
> ✓ **El** *cartero ha traído esto.*

3 — DIPTONGO E HIATO

Las vocales se pueden agrupar en forma de **diptongo** (dos vocales, una abierta y una cerrada o dos vocales cerradas) y forman una sola sílaba:

> ✓ *far-ma-cia, pei-ne, se-cre-ta-ria, a-gua.*

Si el acento fónico recae sobre la vocal cerrada, se deshace el diptongo y tenemos un **hiato**. La vocal sobre la que recae el acento lleva tilde en todos los casos, aunque no le corresponda según las reglas de acentuación:

> ✓ *rí-o, se-cre-ta-rí-a, pa-ís.*

También se considera **hiato** la combinación de dos vocales abiertas. En este caso, se siguen las reglas de acentuación ordinarias:

> ✓ *ca-ó-ti-co, le-ón, hé-ro-e.*

4 — **PALABRAS COMPUESTAS**

Las **palabras compuestas** llevan tilde en los siguientes casos:

a. Verbo + pronombre.
- Si el verbo lo llevaba aisladamente:
> ✔ *Déme esos papeles.*

- Si la unión del verbo y el pronombre (o pronombres) da lugar a una palabra esdrújula:
> ✔ *Dámelo, por favor.*

b. Adverbios en –*mente*.
Llevan tilde si el adjetivo original la lleva.
Fácil + mente ⟶ **fácilmente**

5 — **INTERROGATIVOS Y EXCLAMATIVOS**

Los **pronombres, adjetivos y adverbios interrogativos o exclamativos** llevan tilde, tanto en oraciones interrogativas directas como indirectas:

> ✔ *¿**Cuándo** vendrá Ángeles?*
> ✔ *Pregúntale que **dónde** vive.*
> ✔ *Dile **cómo** te llamas.*
> ✔ *No sé **cuánto** vale.*

Ejercicios

1 Subraye la sílaba que se debe pronunciar más fuerte. Léala en voz alta. Ponga tilde donde sea necesario. Las palabras están agrupadas siguiendo unos criterios, ¿puede decir cuáles?

Ej.: *1. arroz   reloj   rapidez   cartel   verdad   receptor*
Son todas agudas y no llevan tilde porque ninguna termina en vocal, n o s.

2. minimo   organo   tipico   escribelo   video   cardiologo
....
....

3. volvieron   vino   olvido   opio   bigote   hablo
....
....

4. vendria   rio   heroina   Maria   ahi   mio
....
....

5. tambien   nacion   despues   detras   volvio   alli
....
....

6. lapiz   util   automovil   dificil   Perez   marmol
....
....
....

Aciertos: .... de 30

2 Separe en sílabas las palabras siguientes y señale los hiatos y diptongos.

Ej.: *1. radio, ra-dio.   Diptongo.*

2. persiana   ....
3. diciembre   ....
4. alegría   ....
5. óleo   ....
6. cruel   ....
7. guión   ....
8. paella   ....
9. opio   ....
10. escuela   ....
11. oído   ....
12. cliente   ....
13. peine   ....
14. vuelvo   ....
15. país   ....
16. lío   ....
17. infiel   ....
18. actuación   ....
19. correos   ....

Aciertos: .... de 18

3 Piense qué tipo de palabras son las siguientes y si llevan tilde o no.

Ej.: *1. calor. Aguda, sin tilde.*

2. azul	....	14. tomaron	....
3. calido	....	15. canciones	....
4. regimen	....	16. libreria	....
5. examen	....	17. pildora	....
6. detras	....	18. caracter	....
7. carnaval	....	19. bebio	....
8. pan	....	20. renovar	....
9. fue	....	21. nariz	....
10. arboles	....	22. estupido	....
11. japones	....	23. tuvo	....
12. japonesa	....	24. tipico	....
13. rapidez	....	25. sofa	....

Aciertos: .... de 24

4 En las frases siguientes hemos quitado las tildes. Repóngalas donde sea preciso.

Ej.: *1. • ¿Quieres venir conmigo?*
• Sí, ahora voy.

2. Sal a la calle para que te de el aire.
3. Hablame de Daniel, hace mucho que no se nada de el.
4. A mi no me han traido nada los Reyes Magos.
5. Toma, esto es para ti y esto para mi.
6. El que haya terminado, que levante la mano.
7. ¿Te has tomado el te?
8. Trabaja con el en el mismo edificio.
9. Yo lo se porque el mismo me lo ha dicho.
10. Si tienes prisa, cuando el operado vuelva en si, te puedes ir.
11. Yo creo que si que me ha visto, pero no ha querido saludarme.
12. Antes de salir de su casa, su abuela le dijo: «Se siempre tu misma».

Aciertos: .... de 15

5 En las frases siguientes acentúe las palabras subrayadas que lo necesiten.

Ej.: *1. ¿Con cuánto dinero te has quedado?*

2. El que sepa la verdad, que la diga.
3. No sé que le pasa.
4. Hazlo como yo te digo.
5. ¿El pueblo en el que naciste está cerca de aquí?
6. Dime que has hecho en toda la mañana.
7. ¿Sabes que te he estado buscando?
8. Yo no sé que quieres.

Ejercicios

9. ¡Que tengas suerte!
10. ¿El hotel <u>donde</u> habéis estado es muy caro?
11. ¡Que desastre!
12. <u>Cuando</u> llegues, escribe o llama por teléfono.
13. ¿En <u>que</u> hotel habéis estado?
14. ¿Conoces algún sitio <u>donde</u> comer bien?
15. Pregunta <u>quien</u> ha llegado primero.
16. No sé por <u>que</u> tienes las ventanas cerradas.
17. En <u>cuanto</u> venga el médico, le diré que pase por su casa.
18. Pregúntales <u>que</u> <u>donde</u> han estado de vacaciones.
19. ¿<u>Que</u> dices? ¿<u>Que</u> yo no sé conducir? Tú sí <u>que</u> no tienes ni idea.
20. ¿<u>Quien</u> ha dicho <u>que</u> mañana no hay clase?
21. Dice el refrán <u>que</u>: «<u>Quien</u> bien te quiere, te hará llorar».

Aciertos: .... de 27

6 En las frases siguientes, acentúe las palabras que lo requieran.

Ej.: 1. Si puede, mañana Eugenia *irá* a tu casa.

2. No olvideis que teneis que estudiar la leccion.
3. Aunque tuvieramos razon, tendriamos que callarnos.
4. Antes escribia siempre con boligrafo, pero ahora prefiero el ordenador.
5. El primer libro que leyo fue *Las mil y una noches*.
6. El creia que yo tenia la culpa del accidente.
7. Todavia no se puede hablar de exito o fracaso.
8. Actualmente los embalses estan llenos del agua caida durante el invierno.
9. Dejame tu boligrafo, no se donde he puesto el mio.
10. ¡Que calor hace aqui!
11. ¿Conoceis el ultimo disco de Rosa Leon?
12. El niño saludo timidamente cuando se lo mandaron.
13. Miralo, alli esta el coche de Sara.
14. La vegetacion en la parte sur es mas frondosa y agradable.

Aciertos: .... de 33

7 Acentúe las palabras que lo requieran.

Ej.: 1. invitacion *invitación*

		12. increible	....
2. nordico	....	13. habitacion	....
3. hipotesis	....	14. jamas	....
4. oir	....	15. salis	....
5. autor	....	16. linea	....
6. gracias	....	17. almacen	....
7. ridiculo	....	18. teoria	....
8. pajaros	....	19. ciudad	....
9. comite	....	20. miedo	....
10. abogados	....	21. carcel	....
11. tren	....	22. simbolo	....

23. maquina   ....
24. llovio   ....
25. avisar   ....
26. debia   ....

27. museo   ....
28. pidio   ....
29. ibais   ....
30. crimen   ....

Aciertos: .... de 29

8 En los párrafos siguientes, acentúe las palabras que lo requieran.

a.   Cuando vivia en Valencia, vino a verme un colega que se llamaba Andres Gonzalez. Llego para un dia, pero estuvimos hablando todo un fin de semana. Me caia bien, asi que le invite a tocar la guitarra conmigo. Aquel fue su debut, en un cafe. Su actuacion fue tan intensa que parecia estar dejando atras toda su vida. Toco cinco canciones sin mirar atras ni una sola vez.

b.   Mi hija Paula entro en coma el 6 de diciembre de 1991 y murio exactamente un año despues. Durante el tiempo que permaneci a su lado en un hospital de Madrid, llene varios cuadernos con todo lo que pensaba contarle cuando despertara... Cuando despues de morir mi hija, llego ese dia, me hallaba todavia en estado de «shock». Mi nuera, mi hijo y mi marido me dijeron: «Sientate y escribe cualquier cosa, porque, al menos, seran unas horas sustraidas al llanto». (Isabel Allende, en *Blanco y Negro*).

c.   El escritor Gabriel Garcia Marquez habia experimentado una mala racha de cuatro años y no habia conseguido publicar ni una sola obra literaria. Un dia se fue de vacaciones con su mujer y dos hijos. Entonces, en la carretera entre Ciudad de Mexico y Acapulco, descubrio para su sorpresa que era capaz de recitar palabra por palabra el libro que habia querido escribir desde que tenia 15 años. [...] «*Cien años de soledad* fue como una explosion», recuerda. «Cuando escribi mis libros siempre tuve la sensacion de que faltaba algo, pero no sabia el que. Solo sabia que queria escribir un libro en el que pasase de todo». (*El País*).

Aciertos: .... de 41

TEMA 22   TOTAL aciertos: .... de 217

CORRESPONDENCIAS TEMPORALES ENTRE ORACIÓN PRINCIPAL Y ORACIÓN SUBORDINADA EN SUBJUNTIVO

1. Regla general

Oración principal

Condicional simple
Me gustaría
No trabajaría ahí
Me compraría el coche

Oración subordinada

Pretérito imperfecto de subjuntivo
que vinieras a mi casa.
aunque me pagaran bien.
si tuviera bastante dinero.

2. Oraciones finales *(para que...)*

Oración principal
a.
   Presente
   Pretérito perfecto compuesto
   Futuro
   Vengo / He venido / Iré
b.
   Pretérito perfecto compuesto
   Pretérito perfecto simple
   Pretérito imperfecto
   Pretérito pluscuamperfecto
   He venido / Vine / Venía / Había venido

Oración subordinada

Presente de subjuntivo

para que me devuelvan el dinero.

Pretérito imperfecto de subjuntivo

para que me devolvieran el dinero.

3. Oraciones adjetivas de relativo

Oración principal
a.
   Presente
   Pretérito perfecto compuesto
   Futuro
   No veo / he visto / veré a nadie
b.
   Pretérito perfecto compuesto
   Pretérito imperfecto
   Pretérito perfecto simple
   Pretérito pluscuamperfecto
   Han buscado / Buscaban / Buscaron /
   Habían buscado a alguien

Oración subordinada

Presente de subjuntivo

que tenga el pelo blanco.

Pretérito imperfecto de subjuntivo
Pretérito pluscuamperfecto de subjuntivo

que tuviera el pelo blanco /
que hubiera visto al asesino.

4. Oraciones sustantivas *(Me gusta que... Es mejor que... Estoy harto de que... No creo que...)*

Oración principal
a.
   Presente de subjuntivo
   Presente
   Pretérito perfecto compuesto
   Pretérito pluscuamperfecto de subjuntivo
   No estoy / No he estado seguro de

b.
   Pretérito perfecto compuesto
   Pretérito imperfecto
   Pretérito perfecto simple
   Pretérito pluscuamperfecto
   No he estado / No estaba / No estuve /
   No había estado seguro de
c.
   Futuro imperfecto
   Será mejor

Oración subordinada

Pretérito perfecto de subjuntivo
Pretérito imperfecto de subjuntivo

que vengan.
que hayan venido.
que vinieran.
que hubieran venido.

Pretérito imperfecto de subjuntivo
Pretérito pluscuamperfecto de subjuntivo

que vinieran.
que hubieran venido.

Presente de subjuntivo
que vuelvas pronto.

EJERCICIOS COMPLEMENTARIOS SOBRE TEXTOS NARRATIVOS

1 Ponga el verbo que aparece entre paréntesis en el tiempo y modo más adecuados.

a José Espinosa es fotógrafo de turistas, trabaja en la isla de Tabarca, cerca de Alicante. José Espinosa, Pepe el Foto, *(llegar)* ....1........ a la isla hace 22 años. Le *(acompañar)* ....2........ su mujer y sus tres hijos, sus cámaras fotográficas y poco más. *(Venir)* ....3........ dispuesto a poner en práctica un método revolucionario recién aprendido en Barcelona: el revelado rápido. «*(Empezar, yo)* ....4........ a utilizarlo en bodas y comuniones, primero en Barcelona y luego en Alicante. *(Ser)* ....5........ un buen negocio porque *(comprar)* ....6........ el padrino, la madrina, los novios y los invitados, sin importarles el precio». Cuando *(establecerse)* ....7........ en la isla, los visitantes *(llegar)* ....8........ los martes, jueves y sábados a bordo de una barca que *(salir)* ....9........ de Santa Pola. Antes del mediodía *(tener, ellos)* ....10........ que abandonar la isla. Recuerda el fotógrafo que en los primeros años del negocio *(vender)* ....11........ todas las fotos que *(hacer)* ....12........ y le *(pedir)* ....13........ copia. Ahora, aunque el número de turistas *(multiplicarse)* ....14........ ya no *(comprar)* ....15........ todas las fotos. «Desde hace 10 años el negocio *(cambiar)* ....16........ mucho y ahora *(sacar, nosotros)* ....17........ el sueldo y poco más».

El País *(extracto)*.

b Yo *(estar)* ....18........ jugando a las chapas con mi hermano pequeño delante de la puerta de casa cuando el hombre *(aparecer)* ....19........ (...).
El recién llegado no *(tener)* ....20........ un aspecto amenazador, pero por si acaso, *(coger, yo)* ....21........ de la mano a mi hermanito.
Al oírme llamar a mi madre, *(dar, él)* ....22........ un respingo. *(Extender, él)* ....23........ hacia mí un dedo tembloroso y dijo:
-Tú debes de ser mi hija.
(Quedarse, yo) ....24........ estupefacta. Por las medias palabras que *(ir)* ....25........ cogiendo de aquí y de allá, yo *(pensar)* ....26........ que mi padre *(andar)* ....27........ por América. Pero por lo visto no *(ser)* ....28........ así, ahora resultaba que mi padre *(ser)* ....29........ militar y que *(venir)* ....30........ de la guerra, porque de ahí *(ser)* ....31........ de donde *(venir)* ....32........ todos los soldados, ahí era a donde *(irse)* ....33........ cuando *(abandonar)* ....34........ sus hogares, yo lo *(ver)* ....35........ mil veces en las películas de la tele y en el cine del pueblo: los hombres *(irse)* ....36........ a la guerra y las niñas *(quedarse)* ....37........ en las casas esperando. Cómo no se me *(ocurrir)* ....38........ antes esa explicación, por eso *(marcharse)* ....39........, ahora todo resultaba lógico y *(estar)* ....40........ claro.
-He vuelto -dijo el hombre.
(Parecer, a mí) ....41........ una frase tonta e innecesaria, pero se la *(perdonar)* ....42........ porque *(estar)* ....43........ dispuesta a empezar bien la relación.

Un cuento triste *(fragmento)*. Rosa Montero. El País semanal.

3 (Nacer, yo) ....44........ en el centro de Sevilla, en un corral típico que (llamarse) ....45........ el «Corral trompero». La verdad es que (formar, nosotros) ....46........ una gran familia. Mi padre (trabajar) ....47........ en lo que (poder) ....48........, como todos los andaluces. (Ser) ....49........ albañil, vendedor ambulante, fotógrafo y hasta bombero, porque en Andalucía la posguerra (ser) ....50........ durísima. Recuerdo haber pasado muchísimas necesidades, aunque no (conocer) ....51........ el hambre, ya que pan para migar (haber) ....52........ en cualquier sitio. Sin embargo, (conservar, yo) ....53........ el sabor de una infancia feliz, rodeada de cariño, con aquellos patios de flores y aquellos olores que todavía (llevar) ....54........ dentro. ... Hasta que un día mi padre (comprar) ....55........ una radio. (...)
...Mientras las otras niñas (jugar) ....56........, yo (bailar) ....57........ en un rincón de la cocina. Y lo (hacer) ....58........ como me (salir) ....59........ porque nunca (ver) ....60........ bailar a nadie. (Vivir) ....61........ en un barrio del centro de Sevilla donde no (haber) ....62........ manifestaciones artísticas, como en Triana o en la Macarena. (...).
Y yo (seguir) ....63........ bailando sin que me (ver) ....64........ nadie, porque me (dar) ....65........ una vergüenza terrible.

Entrevista a Cristina Hoyos (fragmento). Blanco y Negro.

4 Laura, una joven ejecutiva, (deber) ....66........ trasladarse hace unas semanas de Bogotá a Frankfurt en viaje de negocios. En vísperas del viaje la (llamar) ....67........ una querida amiga de la infancia que (casarse) ....68........ pocos días antes tras un noviazgo relámpago.
-Necesito pedirte un favor -le dijo-. Jorge, mi marido, (deber) ....69........ enviarle un encargo a su hermana, que (vivir) ....70........ en Frankfurt. No es nada que (ocupar) ....71........ espacio, no te preocupes: un paquete que (pesar) ....72........ poco y (ser) ....73........ más pequeño que un libro.
Laura (aceptar) ....74........ con todo gusto, encantada de hacerle un favor a su amiga: (llevar) ....75........ el paquete de Jorge a su hermana. Horas antes de su salida, la amiga (acercarse) ....76........ a su casa y le (entregar) ....77........ el objeto. A punto de despedirse le (comentar) ....78........:
-No (tener) ....79........ ni idea qué (ser) ....80........ lo que (ir) ....81........ allí. Son cosas de Jorge y su hermana. Pero, al entregármelo, él me (recomendar) ....82........ que no lo (abrir) ....83........ porque (poder) ....84........ ser muy desagradable.

Un paquete para Laura. Daniel Samper Pizano. Dominical de Diario 16.

2 Complete el cuento escribiendo en los huecos uno de los verbos del recuadro en el tiempo y modo adecuado.

La tortuga gigante

| tener | dar | enfermar (2) | vivir | ser | haber | estar | poder | querer | decir (2) |

..........1.......... una vez un hombre que ....2.......... en Buenos Aires y ....3.......... muy contento porque ....4.......... un hombre sano y trabajador. Pero un día ....5.........., y los médicos le ....6.......... que solamente yéndose al campo ....7.......... curarse. Él no ....8.......... ir porque ....9.......... hermanos chicos a quienes ....10.......... de comer; y ....11.......... cada día más. Hasta que un amigo suyo, que era director del zoológico, le ....12.......... un día:

| querer | ser (2) | irse | tener | dar | curarse | cazar | poder |

-Usted ....13.......... amigo mío, y ....14.......... un hombre bueno y trabajador. Por eso ....15.......... que ....16.......... a vivir al monte, a hacer mucho ejercicio al aire libre para ....17.......... . Y como usted ....18.......... mucha puntería con la escopeta, ...19.......... bichos del monte para traerme los cueros, y yo le ....20.......... plata adelantada para que sus hermanitos ....21.......... comer bien.

| irse | aceptar | hacer (3) | cocinarse | comer (2) | dormir | vivir | construir | cazar |

El hombre enfermo ....22.........., y ....23.......... a vivir al monte, lejos. ....24.......... allá mucho calor, y eso le ....25.......... bien. ....26.......... solo en el bosque, y él mismo ....27.......... . ...28.......... pájaros y bichos del monte, que ....29.......... con la escopeta, y después ....30.......... frutas. ....31.......... bajo los árboles, y cuando ....32.......... mal tiempo ....33.......... en cinco minutos una ramada con hojas de palmera.

| Tener (4) | lanzarse | lanzar | cazar | estar | ver | hacer | romper | apuntar | querer |

El hombre ....34.......... otra vez buen color, ...35.......... fuerte y ....36.......... apetito. Precisamente un día en que ....37.......... mucha hambre, porque ....38.......... dos días que no ....39.......... nada, ...40.......... a la orilla de una gran laguna un tigre enorme que ....41.......... comer una tortuga. Al ver al hombre, el tigre ....42.......... un rugido espantoso y ....43.......... de un salto sobre él. Pero el cazador, que ....44.......... una gran puntería, le ....45.......... entre los ojos y le ....46.......... la cabeza.

| ir | ser (2) | tener (2) | estar | pesar | acercarse | ver | sentir | llevar (2) | vendar | sacar |

-Ahora -se dijo el hombre- ....⁴⁷......... a comer tortuga, que ....⁴⁸........ una carne muy rica. Pero cuando ....⁴⁹........ a la tortuga, ...⁵⁰........ que ....⁵¹........ ya herida, y ....⁵²........ la cabeza casi separada del cuerpo. A pesar del hambre que ....⁵³........., el hombre ....⁵⁴......... lástima de la pobre tortuga y la ....⁵⁵......... arrastrando con una soga hasta su ramada y le ....⁵⁶......... la cabeza con tiras de tela que ....⁵⁷........ de su camisa. La ....⁵⁸......... arrastrando porque la tortuga ....⁵⁹......... inmensa, tan alta como una silla, y ....⁶⁰......... como un hombre.

| pasar | curar | sanar | dar | quedar |

La tortuga ....⁶¹......... arrimada a un rincón, y allí ....⁶²........ días sin moverse.
El hombre la ....⁶³........ todos los días, y después le ....⁶⁴........ golpecitos con la mano sobre el lomo.
La tortuga ....⁶⁵......... por fin.

Adaptado de Horacio Quiroga.

Complete el texto con uno de los verbos del recuadro en el tiempo adecuado.

Mario Vargas Llosa

| presentarse | obtener (3) | ser (2) | aparecer | nacer | publicar |
| residir | vivir | comenzar | doctorarse | licenciarse | cursar |

Mario Vargas Llosa ....¹......... en Arequipa, Perú, en 1936. ....²......... sus primeros estudios en Cochabamba, Bolivia, y los secundarios en Lima y en Piura. ....³......... en Letras en la Universidad de San Marcos de Lima y ....⁴......... por la de Madrid. ....⁵........ durante algunos años en París y posteriormente en Londres y Barcelona.

Su carrera literaria ....⁶......... con la publicación de la novela *La ciudad y los perros*, que ....⁷......... el «Premio Biblioteca Breve» de 1962 y el «Premio de la Crítica» de 1963 y que ....⁸......... casi inmediatamente traducida a una docena de lenguas. En 1965 ....⁹......... su segunda novela, *La casa verde*, que ....¹⁰........ asimismo el «Premio de la Crítica» de 1966 y el «Premio Internacional de Literatura Rómulo Gallegos» a la mejor novela en lengua española publicada en los cinco últimos años precedentes, en 1967. ....¹¹......... también *Conversación en La Catedral* (1969); *Pantaleón y las visitadoras* (1973); *La guerra del fin del mundo*; ....¹²........ autor de varias obras de teatro y numerosos ensayos, el más famoso *Gabriel García Márquez: historia de un deicidio*.

Después de una breve incursión en la política - ....¹³........ como candidato para la presidencia de Perú y fue derrotado- ....¹⁴......... la nacionalidad española y ....¹⁵......... en nuestro país desde 1995.

4 En el texto que va a leer hemos suprimido algunos verbos y nexos. Rehaga el texto con la ayuda de la información de los recuadros (A = números, B = letras).

A

presentar	multiplicarse	oír	soler	reprochar	suponer
introducir	llegar	enterrar	ver	significar	atravesar
ser (4)	velar	dar	seguir	unificar	llevar

B

además	gracias a	tras	por último	pues	a veces	a partir de ahí

Camino de Santiago

El peregrinaje medieval

Hay leyendas que acaban de perderse en el transcurso de los tiempos y otras que, más afortunadas, logran convertirse en las bases de auténticos fenómenos sociológicos. Una de estas fue la que creó y desarrolló el Camino de Santiago.

La leyenda comenzó durante los reinados de Carlomagno en Centroeuropa y Alfonso II en Asturias, a finales del s. VIII, al propagarse en todo el Occidente cristiano la noticia de que en el extremo más remoto de la Península Ibérica, en tierras de Galicia, estaba enterrado Santiago el Mayor, uno de los doce apóstoles.

El origen de la leyenda

La manera en que el cuerpo del Apóstol ....1......... a Galicia y la certidumbre del lugar donde ....2......... no tiene gran interés, ...a......... lo que realmente cuenta son las consecuencias que la leyenda originó.

El primer paso lo ....3......... el obispo Teodomiro que, dando por buenas las noticias que hablaban de que un monje había encontrado la tumba del apóstol, construyó un templo sobre el sepulcro. ....b.........., las noticias sobre prodigios, apariciones y milagros se ....4........., haciendo aumentar cada vez más la fama y el prestigio de Santiago de Compostela como centro de peregrinación.

.........c......... numerosos documentos, restos arqueológicos, iglesias, reliquias y sobre todo al Códice Calixtino, escrito por el clérigo francés Aimerico Picaud, actualmente podemos conocer lo que ....5......... Santiago, los itinerarios que ....6......... los peregrinos, y anécdotas de muchos viajes.

«El Camino»

Los itinerarios que ....7........ a Santiago eran muchos, pero el más conocido es el que aparece en el Códice. En él se habla de cuatro itinerarios por tierras francesas que ....8........ los Pirineos por dos lugares, Somport y Roncesvalles. ....d........ pasar Pamplona, se ....9........ en Puente de la Reina y, desde allí, ya convertido en un solo camino, se dirigía por tierras de La Rioja, Burgos, Palencia y León, hasta Santiago de Compostela. La peregrinación ....10........ una práctica arraigada en el mundo cristiano, especialmente a los Santos Lugares como Belén y Jerusalén. Los motivos que impulsaban a miles de peregrinos a aventurarse en largos, costosos, inseguros e incómodos viajes ....11........ muy diversos. Los había a los que tan solo les movía interés religioso; otros cumplían promesas hechas en momentos difíciles de sus vidas; ....e........ el peregrinaje respondía a la imposición de una pena canónica o, incluso, al pago de una pena impuesta por la justicia. ....f........, tampoco faltaban los auténticos aventureros en busca de nuevas experiencias.

Durante el camino, los peregrinos ....12........ utilizar las hospederías públicas y las posadas, donde descansaban y convalecían de alguna enfermedad. El abuso de los precios ....13........ una práctica normal. A los posaderos se les ....14........ servir vino malo, dar mal de comer y practicar intercambios comerciales deshonestos. Los robos ....15........ bastante comunes.

La llegada

La llegada a Santiago ....16........ un motivo de júbilo extraordinario. Desde el Monte del Gozo, el peregrino ....17........ las altas torres de la catedral, después de días, y a veces meses, de penoso caminar. Una vez en la ciudad, ...18........ en la catedral durante toda la noche y, a la mañana siguiente, ...19........ las ofrendas al apóstol y ....20........ la santa misa. La recompensa era la absolución de sus pecados, bien en parte o en su totalidad.

El Camino tuvo repercusiones importantes en los reinos de Navarra, Castilla y León. ....g........ de traer prosperidad, el Camino de Santiago ....21........ en la Península Ibérica la cultura y el arte románico.

era, fue; el pasado
el subjuntivo